어린아이처럼 울어도 좋아요

일러두기

1. 음악심리치료는 영미권 국가에서 처음으로 태동해 정립 및 발전된 만큼 정확한 용어는 음악세러피입니다. 그러나 이 책에서는 국내에서 널리 사용되는 '음악심리치료'로 통일합니다. 같은 이유로 음악세러피스트도 음악심리치료사로 통일합니다.

2. 이 책에서는 내담자라는 용어를 '클라이언트'로 통일했습니다. 내담자라는 말이 클라이언트를 번역하는 과정에서 생겼으며, 다양한 자료에서 두 용어가 혼용되고 있기에 원어를 그대로 사용하여 마음 상태의 개선을 치료사에게 의뢰한다는 느낌을 전하고자 했습니다.

3. 이 책에 등장하는 클라이언트의 이름은 모두 가명입니다.

김형미 지음

어린아이처럼 울어도 좋아요

삶 에 지 친 이 들 을 위 한 음 악 심 리 치 료 이 야 기

북바이북

3　생활 속 음악심리치료 요법

프롤로그

5년 전, 한국 인터넷 신문의 국제 기사를 보고, 그 기자에게 이메일로 이런저런 문의를 했다. 그것이 계기가 돼, 가끔씩 해외 소식을 주고받으며 인연을 이어왔다. 그러던 중 그분이 내가 음악심리치료사라는 걸 알고는 깜짝 놀라며, 신문 칼럼을 써보라고 제안했다. 내가 칼럼을 쓴다고? 내 직업에 놀란 그분만큼이나 나 역시 놀랐으나, 한국 사회에 음악심리치료와 관련한 글이 절실한 때라며 다시 한번 적극 칼럼 쓰기를 제안해왔고 고민 끝에 용기를 냈다.

칼럼을 쓰는 동안 말로만 듣던 글의 힘을 실감했다. 해외 독자에게서 문의가 오기도 했고, 소원하게 지냈던 지인들이 음악심리치료에 대해 좀 더 알고 싶다며 연락을 해왔다. 자연스럽게 나도 언젠가는 음악심리치료의 효과를 널리 알리면서 심신 건강에 도움이 되는 책을 써보고 싶다는 소망을 품게 되었다. 칼럼을 담당했던 기자도 연재를 마무리하면서 조만간 내가 쓴 책이 나올 것 같다고 하기에 또 한 번 출간을 생각해보기는 했으나, 다만 그것은 먼 훗날이겠거니, 생각했다.

그로부터 정확하게 1년 후, 북바이북 출판사로부터 출간 제안을 받았다. 먼 미래에 소망하던 일이 너무도 일찍 기회로 다가왔고, 막상 그 기회를 잡으려니 걱정이 앞섰다. 과연 내가 독자들에게 긍정적인 삶의 에너지를 전하고, 심신 건강을 위한 메시지를 잘 담을 수 있을 만큼 풍부한 경험을 했는가? 20여 년간 끄적끄적 써두었던 메모들, 클라이언트들과 음악심리치료 시간을 보낸 후 기록해두었던 노트들을 찬찬히 보면서 결론에 도달했다. 내가 쓰고자 하는 책의 궁극적인 목표는 나뿐 아니라 다 같이 더 행복해지자인데 망설일 게 무엇인가. 다양한 인종이 모여 사는 특수한 홍콩 환경에서 만난 여러 인종의 클라이언트들을 통해 음악의 효과가 심신 건강에 얼마나 큰 역할을 하는지 좀 더 절실하게 체험하지 않았는가.

책을 쓰면서 가장 염두에 두었던 건, 음악심리치료에 대한 지식이나 효과에 대한 연구 결과를 전달하는 게 아니다. 음악심리치료가 생소한 분들, 더 알고 싶은 분들 모두에게 치료 요법과 효과, 적절한 응용과 활용에 대해 쉽게 설명을 하고 이해를 하는 데 도움이 될 수 있도록 실사례들을 제시했다. 전화 너머로 삶의 고달픔을 토로하는 친구, 차 한잔하며 고민을 말하는 친구들을 만나서 진솔한 대화를 나누는 것처럼, 독자에게 도움이 될 수 있도록 직접 체험한 임상 경험들, 좋은 효과, 변화와 생각을 글로 썼다. 때론 같은 생각을, 때론 다른 생각이나 새로운 생각을 제시하는 내 목소리가 독자들에게 고스란히 전달되길 희망한다.

이 책을 장별로 보면, 1장에는 음악심리치료사가 되기 전후 내 이야기가 담겨 있다. 직장생활을 하며 뚜렷한 목표가 있는 사람처럼 바쁘게 살았지만, 마음은 삶의 미로 한가운데서 출구를 찾아 헤매며 방황하는 얘기로 시작된다. 그 뒤 방황을 매듭지으면서 음악심리치료사가 되는 과정, 음악심리치료 효과를 직접 체험하고 관찰한 이야기, 더 큰 효과를 위해 음악심리치료 요법과 요가를 접목한 세션(수업)을 소개한다.

이 책에서 가장 큰 비중을 차지하는 2장에서는 내가 만난 클라이언트들이 주인공이다. 그들의 이야기를 통해 음악 심리치료 효과를 독자들도 간접적으로 체험했으면 한다. 또한 신체적, 정신적 장애의 유무에 상관없이 모든 개개인이 제 삶의 주인공이 되어 더욱 건강하고 행복하게 살 수 있도록 장애와 비장애의 척도에 대한 인식의 변화, 부와 행복에 대한 개인적인 의견을 실었다.

3장에서는 음악심리치료는 문화와 개인차에 맞게 보완해서 잘 활용되어야 한다는 점을 강조하였고, 스스로 생활 속에서 적용할 수 있는 간단한 음악심리치료 요법을 소개했다. 끝으로, 나에게 가장 큰 삶의 교훈을 주신 고령의 클라이언트들 이야기를 통해 지혜롭고 평화로운 노년을 맞이하기 위한 삶의 태도와 마음가짐을 풀어냈다.

오랜 시간 염원해왔던 일을 하면서 분주하게 사는데도, 구멍 숭숭 뚫린 듯한 삶의 공간이 느껴졌다. 그 공간은 마치 비가 오고서야 발견되는 집 안의 구멍과 같이 작지만 허술함을 느끼게 하는 자리였다. 이 책을 쓰는 동안 그 빈 공간들이 모두 꽉 채워지며 빈틈없이 살고 있다는 충만함에 진정으로 행복했다. 음악심리치료사가 되었기에 책을 쓰게 되었고, 그로 인해 느껴보지 못한 행복을 만끽했다. 음악심리치료사가 될 수 있도록 영향을 주신 모든 분께 감사의 마음 전한다. 함께했던 클라이언트들, 그리고 자신의 이야기를 이 책에 실을 수 있도록 흔쾌히 허락해주신 클라이언트들에게 깊은 감사의 말을 전한다. 책으로 엮어 출판되기까지 많은 수고를 해주신 도은숙 편집자에게도 진심으로 고맙다. 무엇보다 나의 행복, 치유와 회복의 원천인 가족과 부모님께 사랑과 감사의 마음을 전한다. 마지막으로, 이 책을 펼쳐든 독자들에게 감사의 말씀을 드리며, 삶에 지친 이들의 몸과 마음을 치유하고 회복시키는 데에 큰 도움이 될 음악심리치료의 세계로 여러분을 초대한다.

1

어쩌다 음악심리치료

# #

물음표와 도돌이표 인생

왜라는 물음표

o

'이렇게 살아도 되나? 이렇게 계속 사는 게 무슨 의미가 있지?'

직장생활을 하면서 거의 매일 아침 출근길에 나 자신에게 반복하던 질문이다.

나는 꽤 어렸을 적부터 쳇바퀴 도는 듯한 일상에서 무엇인가 채워지지 않는 부족함, 그 부족함이 정확하게 무엇인지 모르는 답답함을 느꼈다. 내 마음은 방황하는데 몸은 학교생활, 직장생활에 맞춰 기계적으로 살아갔다. 자연히 몸과 마음의 부조화, 이해 불가능한 세상의 모습, 알 수 없는 미래에 대한 불안감이 질서 없이 엉켜서 빚어내는 허무의 늪에 빠지곤 했다. 부모님의 헌신적인 사랑, 형제자매 간의 돈독한 우애, 친구들과의 우정, 주변 사람들과 교류하는 좋은 시간을 누리고 있음에도 그 무엇으로도 채울 수 없고, 정확하게 이름을 붙일 수도 없는 허무가 스멀스멀 올라와 나를 무너뜨릴 지경이 되면 아무 버스나 잡아타고 종점 여행을 했다. 버스 제일 앞자리에 앉아 창밖 너머로 세상을 바라보다 보면, 마치 내가 살아왔던 세상을 멀리서 보는 느낌이들었다. 그 관조적인 느낌은 어디에서 시작되는지 모르는 잔잔한 평화를 가져다주었고, 다시 세상으로 돌아가게 하는 힘이었다. 그 시절에는 명상이 무엇인지 몰랐는데, 지금 와서 돌아보면 걷기 명상, 요리 명상 등 다양한 명상이 있듯이, 버스 종점 여행도 명상이 아니었을까.

이런 허무함은 성인이 돼서도 이어졌다. 문득문득 세상을 향해 '왜? 왜지? 왜 그런 거지?' 이런 질문을 수없이 반복하며 나 자신을 만족시킬 수 있는 답을 찾아 헤매곤 했다. 어떤 질문엔 금세 답을 찾기도 했지만 어떤 질문엔 수년이 걸리기도 했다. 그러한 질문 가운데 오랫동안 답을 찾지 못했던 것 중 하나가 '이렇게 살아도 되나? 이렇게 계속 살아가는 게 무슨 의미가 있는 거지?'였다. 이 질문은 직장생활이 길어질수록 더 자주 등장했다.

한국에서 잠시 직장생활을 한 건, 미국에서 만난 홍콩인 남자 친구에 대한 보수적인 가족들의 심한 반대에 부딪혀 내 뜻을 관철하기 위한 투쟁 차원이었다. 한 번도 만난 적 없는 사람을, 단지 한국인이 아니라는 이유로 무조건 반대하는 부모님을 향한 나의 반항은 당시 내 삶의 에너지였다고 해도 과언이 아니다. 1년이 조금 넘는 갈등을 끝내고 마침내 홍콩으로 와서 자리를 잡게 되었고 본격적인 직장생활도 시작했다. 홍콩에 오는 순간 나는 다시 새로운 세상에 태어나 서서히 삶을 배우며 성장하는 갓난아이와 같았다. 홍콩 특유의 색깔, 냄새, 분위기, 소음, 날씨, 삶의 속도, 널리 사랑받는 딤섬조차 내게는 적응의 시간이 필요한 대상이었다. 시간은 거스를 수 없다지만, 새로운 환경은 어른을 아이로 돌려보내 다시 성장시키는 타임머신 역할을 할 때가 있다. 만난 시간보다는 떨어져 지낸 시간이 많았던 그 홍콩 친구와는 함께 살기 시작하면서 서로 많이 다르다는 걸 깨달았고 결국은 헤어지게 되었다. 그때부터 나는 비로소 어른이 되기 위한 성장을 시작한 것 같다.

　홀로서기를 하면서 제일 처음 한 일은 홍콩대학교 석사 과정 입학을 위한 준비였다. 그 당시에는 사회적 역량과 능력을 높이는 데 가장 중요한 건 학력이라고 생각하고 결정한 일이었지만, 그저 그럴싸하게 포장된 말로 편협한 내 생각과 욕구를 충족시키기 위해 만들어낸 핑계였다. 한국에서 원하던 대학을 가지 못한 깊은 한풀이였다는 게 맞는 말이다. 홍콩대학교에서 석사를 마친 후에는, 직업에 변화를 주고 싶었다. 새로운 직장을 알아보는데, 내 관심을 끄는 직업들은 MBA 학위를 요구하는 곳이 많았다. MBA 학위에 별 관심이 없던 나는 '대체 MBA가 뭐길래 다들 MBA, MBA 하는 거지? 이게 대체 뭐지?' 하는 호기심이 발동했다.

　홍콩으로 옮겨 와 새로운 생활에 적응하느라 내 삶을 돌아볼 여유는 전혀 없었다. 화창한 날씨로 시작되었던 어느 날 오후, 갑작스러운 소나기를 피해 멈춰 섰을 때 '내가 이렇게 한가로이 멈춰 서 있던 게 언제였지?'라는 생각이 들 정도로 마음의 여유 없이 살았다. 그런 내 삶을 멈춰 서게 한 건 MBA가 처음이었다. MBA에 대한 정보는 풍부했지만 정보만 접하는 것과 직접 체험하는 건 천지 차이다. 아무리 맛난 음식이어도 직접 먹어봐야 하고, 내 입맛에 맞아야 맛있는 음식이 아닌가? 세상은 MBA학위를 마치 최고급 음식인 양 광고를 해대는데, 실제로 그러한지 직접 도전해보자는 결심을 하게 되었다. 물론 그 학위가 새로운 직업 개발에 도움이 될 것이라는 기대가 있었기에 준비를 했지 단순한 호기심에서 시작한 놀이는 아니었다.

1년여 후, 원하던 과정에 입학했다. 동기들은 직업, 학력, 경력이 참으로 화려했고, 수업 시간에 토론하고 발표하는 모습을 보면 교수가 누구고, 학생이 누구인지 혼동될 정도로 자신감이 넘치는 영특한 이들이 많았다. 처음엔 그런 명석한 사람들 틈에서 주눅이 들고 살아남을 수 있을지를 걱정했지만, 내가 그들보다 많이 뒤처지더라도, 똑같은 등록금 내면서 교수뿐만 아니라 동기한테도 배움을 얻는 갑절의 이득을 누린다는 생각으로 마음을 고쳐먹으니, 편해지면서 학교생활에 잘 적응해나갈 수 있었다.

방황하는 도돌이표

°

어느 정도 학교생활에 적응이 되니, 그동안 보이지 않던 게 눈에 들어오기 시작했다. 밝은 곳은 있는 그대로 훤히 보이지만, 어두운 곳은 찬찬히 들여다봐야만 보이듯, 뛰어난 언변과 두뇌에 가려졌던 동기들의 문제점이 보이기 시작한 것이다. 성실하게 노력하는 유형보다는, 좋은 목소리를 가지고 태어난 사람이 기본적인 노래 실력이 좋듯이 뛰어난 두뇌를 갖고 태어나서 현시대의 교육에서 요구하는 성과 시스템에 맞는 요령을 잘 터득한 유형이 꽤 많은 듯했다. 튀지 않는 두뇌를 튀는 재력으로 보완한 듯한 이도 더러 있었다. 자기 잘난 맛에 도취해 타인을 배려할 줄 모르고, 마음에 들지 않는 교수의 수업 시간에는 경악할 정도로 무례한 태도를 보였으며, 납득할 수 없는 이유로 교수 교체를 학교에 당당하게 요구하는 안하무인들도 있었다. 물론, 두뇌, 성품 모두 훌륭하게 빛나는 별 같은 동기들도 있었지만, 나의 주의를 끄는 건 말 그대로 인성이 형편없는 이들이었다. 훌륭한 동기들을 보면 그곳은 명성에 걸맞은 배움터였지만, 타고난 두뇌 하나 믿고 제멋대로인 동기들을 보면 잔머리 굴려 원하는 걸 쟁취하는 소굴에 있는 느낌이었다.

그들은 그동안 멈춤 없이 살아왔던 나로 하여금 많은 생각을 하게 했다. 자신이 어떤 모습으로 살아가는지 그들은 모를 것이다. 안다면 그런 모습으로 살지 않을 것이기 때문이다. 실제로 나는 직장생활을 하면서 이런 사람들을 꽤 접했다. 이런 사람들에 대응하느라 똑같이 혹은 더 심하게 굴었을지도 모를 나의 모습을 되짚어보았다. 이런 사람들이 사회에서 리더 역할을 한다는 건 우리가 얼마나 건강하지 못한 사회에 살고 있는지를 보여주는 것이다.

누군가는 우리가 일하는 대부분의 직장이 이익을 추구하는 곳이지 세계 평화를 추구하는 곳이 아니므로 인성이 뭐 그리 중요하냐고 반문할 수 있다. 실제로 이 주제로 MBA 동기와 논쟁을 벌인 적이 있다. 회사 차원에서 보면 이익을 극대화할 리더가 필요하므로 일리 있는 말이다. 하지만 하루의 가장 많은 시간을 보내는 곳에서의 환경이 우리 정신 건강과 삶의 질에 얼마나 큰 영향을 미치는지 따져보면 생각이 달라질 것이다.

하늘이 푸르디푸른 날 상쾌한 바람까지 적당하게 불어주고, 기분 좋은 햇살이 비추는 날일지라도 회사 상사의 표정이 일그러져 있으면 직장인들의 날씨는 '흐림'이다. 그런 날은 회사 바깥 세상의 찬란한 날씨가 되레 자신을 더 서글프게 한다. 직장 상사의 상태가 그 회사 직원에게 미치는 영향, 힘겨운 하루를 보낸 그 직원들이 귀가한 뒤 가족들에게 미치는 영향, 그 영향으로 울적한 마음을 풀지 못한 가족들이 각자의 사회 위치로 나아갔을 때의 여파로 확대해보자.

불과 얼마 전, 사람과 사람을 타고 타인에게로, 사회로, 국가로, 전 세계로 순식간에 퍼져나가던 코로나19 바이러스의 강력한 감염력은 우리 모두가 얼마나 긴밀히 연결되어 있는지를 여실히 보여주었다. 바로 그렇게 '감정' 바이러스도 보이지 않게 은밀하고 강력하게 우리 사회에 파고들어 순식간에 사회의 정신 건강을 파괴할 수 있다. 타인을 배려할 줄 모르고 자기 잘난 맛에 사는 그들도 어쩌면 이미 고질적으로 건강하지 못한 사회에 태어나, 시나브로 그렇게 키워진 희생양일 수도 있다. 바쁜 삶에서 나를 돌아볼 여유가 없어 자기성찰의 시간조차 갖지 못하고 자신이 어떻게 변화되어가는지도 모른 채 살아온 사람들일 수도 있다.

타인의 모습은 쉽게 보이지만 나의 모습은 거울 없이는 보기 힘든 것처럼, 타인의 변화는 잘 감지하지만, 자신의 변화를 감지하기는 어렵다. 나도 모르는 사이에 내가 그들과 비슷한 사람이 되어가는지 모른다는 생각에 미치면서 깊숙이 꽁꽁 묻혀 있던 '이렇게 살아도 되나? 이렇게 사는 게 무슨 의미가 있지?'라는 질문의 원점으로 다시 돌아가게 되었다. 호기심도 컸지만 남들처럼 직업 개발의 보증수표가 될 거라고 믿고 뛰어든 학업에서 나는 되레 '멈춰야 하지 않나'라는 심각한 고민에 빠져들었다.

고민에 고민을 거듭하며 복잡하게 얽힌 생각들 속에서 내가 멈추지 말아야 하는 이유가 세 가지로 정리되었다. 첫째, 솔직히 그간 투자한 비싼 등록금이 아까웠다. 둘째, 무언가를 시작하면 마무리를 잘 해야 한다는 내 삶의 원칙이다. 이는 나 자신과의 약속이다. 타인과의 약속을 지키는 건 서로의 신뢰를 굳건하게 하지만, 나 자신과의 약속을 지킨다는 건 스스로의 가치를 지키는 거라고 믿어왔기 때문이다. 셋째, MBA 과정을 중도에 포기한 사람이 MBA의 장단점을 논할 수 있을까? 코스 요리를 먹다가 중간에 멈춘 사람이 전체 코스 요리에 대해 조목조목 평가할 자격이 없지 않은가. 코스 요리를 빠짐없이 다 먹은 후에는 또 다른 생각이 들지 않을까?

이러한 이유로 일단 나는 끝까지 가보기로 결정했다. 그렇다고 '이렇게 살아도 되나?'라는 물음에 해답을 찾은 건 아니고 똑같이 반복되는 질문에서 내 마음은 여전히 뱅뱅 돌며 살아가고 있었다.

# #

느낌표와 도약을 위한 음악 쉼표

알아야 할 걸 모른다면 유죄

。

'내가 하고 싶은 걸 왜 퇴직 후인 먼 훗날로 미뤄뒀지? 지금 하자!'

특별한 줄 알고 간 레스토랑에서 추천 코스 요리를 먹으면서 실망하다가 마지막에 서프라이즈 디저트를 접했다고 해야 하나? MBA 마지막 학기, 먼저 졸업한 선배의 강력한 추천으로 자의 반, 타의 반으로 선택한 강의를 들으며 내 삶을 바꾸기로 용기를 내게 되었다. 경영, 회계, 금융, 비즈니스법, 조직 운영, 위험 관리 등의 수업들, 온통 돈 냄새가 짙

게 배어 있는 강의들과는 전혀 다른 강의를 듣게 된 것이다.

성공의 보증수표라고 믿고 들어온 학생들을 대상으로 MBA 교수가 MBA를 비판하고, 온갖 인재들이 몰리는 금융계를 비판하고, 세계적으로 이름난 기업들의 윤리 의식을 비판하고, 소위 최고의 학력을 가진 기득권자들에 의해 돌아가는 세상이 빈부 격차를 더 악화시키는 현실을 신랄하게 비판하는 것이 아닌가. 다른 수업에서 수없이 들었던 기업 이윤의 극대화, 자본, 투자, 수익 등의 단어들은 찾아볼 수가 없었다. 대신 소득 분배의 불균형 수치인 지니계수가 언급되고, 우리 모두는 인종차별의 가해자일 수 있다는 자기 성찰의 시간, 소외 계층을 위한 진정한 리더의 자세 등이 토론 주제가 된 매우 신선하고 획기적인 강의였다. 중도에 그만두지 않고 학업을 지속한 보람을 느끼게 하는 가치 있는 수업이었다. 지성이 넘치는 수려한 언변, 냉철한 논리에 적당한 분노의 감정까지 가미된, 사람의 온기가 느껴지는 열정적인 교수의 강의는 나에게 새로운 세상을 열어주는 듯했고, 모르는 건 죄가 아니라고 하지만 알아야 할 걸 모르면 죄라는 걸 내 생애 처음으로 깨닫게 된 시간이었다.

이 강의에서 흥미로웠던 또 다른 발견은 학생들의 태도

였다. 다른 강의에서는 초롱초롱한 눈빛으로 활발하게 토론하던 그 '똑똑이들'이 여기서는 교수 시야를 벗어날 수 있을 법한 뒷자리 구석에 떨어져 앉아 눈을 겨우겨우 껌뻑이며 멍한 표정으로 졸고 있는 게 아닌가? 학생들 사이에서 호불호가 뚜렷하게 갈리는 강의였고 그들이 삶의 가치를 어디에 두는지 짐작케 하는 시간이었다. 명문대를 다닌다고 해서 모두가 학교 명성에 맞는 사람은 아니다. 명문대에 존재하는 '진짜' 명문대생은 그리 많지 않다고 감히 말하고 싶다. 사실, 대학까지의 교육은 인성보다는 성과 제도에 치우쳐져 있기에 명문대생들의 인성까지 명문대생스럽기를 바라는 건 과하다는 생각이 들 수도 있지만 그들이 차지하고 있는 사회에서의 위치를 보면 내가 사는 세상이 슬퍼지는 건 어쩔 수가 없다. 100세 시대, 급변하는 현시대에 인간의 전 생애를 고려했을 때, 대학까지의 삶은 짧은 기간이다. 그럼에도 불구하고, 어린 시절부터 대학까지 쌓아 올린 학력의 유효 기간은 너무 길다. 삶 자체가 배움터이고 거대한 학교가 아닐까? 양육자의 비호 아래서 쌓아 올린 액세서리 같은 화려한 학력보다는, 사회생활을 시작하면서 자립적으로 끊임없이 자기 계발을 하는 배움의 자세로 사는 사람들의 현재

어린아이처럼 울어도 좋아요

진행형의 학력이나 경험이 더 많이 인정받고 높이 평가되어야 마땅하지 않을까. 그런 사회가 명문이라고 모두가 동의한다면 이 세상은 얼마나 평화로울까.

삶의 방향을 잃어버리고 방황하던 시점에서 만난 마지막 학기 강의는 나의 고민이 틀리지 않았다고 격려해주는 든든한 지원군이 되었고 새로운 돛을 올리는 데에 지대한 영향을 미쳤다. 오랜 기간 내 삶에서 도미노 패처럼 쓰러져 쌓여 있던 물음표 더미가 느낌표로 바뀌기 시작했다. 그래, 여기서 멈추자! 내가 늘 하고 싶었던 것, 퇴직 후 하겠다고 마음에 품고 있던 일을 시작하자! 하고 싶은 일을 퇴직 후로 미뤄두고 의미 없다고 생각한 삶을 지속해왔기 때문에, 나는 지난 긴 시간 동안 늘 같은 물음표 더미에서 벗어나지 못했던 것이다!

고등학생 시절 우연히 읽은 책, 빅터 프랭클의 『죽음의 수용소에서』를 시작으로 심리학, 정신분석학에 큰 관심을 갖기 시작했고 언젠가 심리학 공부를 해보고 싶다는 소망을 품고 있었다. 대학 시절에는 기회가 있을 때마다 전공과는 연관이 없는 심리학 수업을 듣기도 하고 관련 서적을 찾아 읽곤 했다. 먹고살 걱정 없이 살기에는 심리학 전공이 그리

밝은 미래를 보장해주는 게 아니라는 사회 인식에 비판 없이 순응하느라 나는 어리석게도 이 공부를 하고 싶다는 말을 입 밖으로 꺼내지도 못했다. 언젠가 퇴직하고 여유로운 시간을 갖게 되면 그때는 꼭 해보고 싶다는 막연한 소망만 품고 살았다. 이제는 더 이상 나중으로 미루지 말고 바로 지금 내가 하고 싶은 것을 하며 살아보자는 결심을 했다.

원하는 대학에 박사 과정 문의를 했더니, 심리학 학사나 석사 학위가 없으므로, 제출해야 하는 심리학 과목 시험 점수를 그 학교에서 요구하는 수준으로 받아 오라는 첫 번째 과제물을 던져주었다. 미국이 주관하는 이 시험은 현지에서는 시험 치를 기회가 많지만, 홍콩에서는 1년에 딱 한 번 실행한다. 1년 후, 시험을 치르고 그 대학에서 요구했던 점수를 받고 돌아갔더니, 두 번째 과제로 나를 박사 과정 제자로 받아줄 교수를 알아서 찾으라는 것이다. 나의 관심을 끄는 심리학과 교수 몇 분에게 간절하게 이메일을 보냈더니 딱 한 명의 교수가 답장을 보내왔다. 그 답장에는 그 교수가 쓴 논문이 첨부되어 있었고 읽어본 후 의견을 제시해보라는 세 번째 과제가 있었다. 나름 논문을 분석하고, 가지고 있던 학문 지식뿐만 아니라 서적에서 얻은 정보, 나의 개인적인 생

어린아이처럼 울어도 좋아요

각, 의견까지 총동원하여 꾸역꾸역 써 내려간 내 답변이 가상했는지, 드디어 그 교수를 만날 기회를 얻었다.

그동안 쌓아온 내 경력을 모두 접고 새로 시작하는 인생의 중대한 전환기였기에 나 역시 신중에 신중을 기해야 했다. 그 교수와의 만남은 예비 학생으로서 면담을 가는 것이기도 했지만, 동시에 나도 면접관이 되어 새로운 삶으로 잘 인도해줄 교수인지를 살펴야 했다. 그날을 돌이켜보면, 상대를 관찰하는 내 눈빛을 감지하는 듯한 그 교수의 눈빛이 선명하게 떠오른다. 말로 나눈 대화보다는, 눈빛의 대화가 더 깊고 길었던 만남이다. 사무실에서 마주한 교수는 말 그대로 사려 깊은 학자였다. 값진 조언을 들으며 좋은 시간을 가졌지만 면담 후 지원하고자 했던 박사 과정이 내 생각과는 다르다는 생각이 들었다. 그 과정은 사람들을 대상으로 실험하고 연구하는 공부이지 직접 사람들 속에서 부대끼며 내 남은 인생을 의미 있게 살아가기 위한 공부는 아니라는 생각에 도달해 결국 지원하지 않았다. 좀 더 심사숙고해서 내가 원하는 일을 찾아야 한다는 고민이 다시 시작됐지만, 다행히 오래가지 않았다. 당시 2년 전쯤 시작했던 요가를 하다가 맞이하게 된 상황 덕분이었다.

꼴찌여도 행복한 일

◦

요가에 심취해서 홀로 인도 여행까지 다녀온 친한 친구가 있다. 요가는 건강에 아주 좋다며 여러 해 동안 부드럽고 친절하게 내게 권유했지만 전혀 관심이 없었다. 거의 매달 이벤트처럼 감기, 잔기침, 알레르기로 병원을 방문하던 나를 보다 못한 그녀가 거절할 수 없는 상황을 만들어 거의 반강제로 요가 학원에 끌고 갔다. 마지못해 끌려가 긴장한 데다가, 몸의 유연성이라고는 전혀 없어서 아주 힘들게 따라 했는데, 신기하게도 요가 후 몸이 날아갈 것 같은 개운함에 홀려 바로 수강 등록을 했다. 시작한 지 2년쯤 되었을 때 요가 학원에 끌고 갔던 같은 친구의 권유로 용기를 내어 고급반에 들어갔다. 겁을 잔뜩 먹고 주변의 고수들을 겨우겨우 따라 하느라 바쁘고 힘들었다. 마지막 자세를 선생님이 먼저 시범으로 보여주는데 기가 막혀 웃음이 나왔다. 물구나무서기를 한 상태에서 다리를 접었다 폈다 회전까지 하면서 서커스 쇼를 하는 게 아닌가! '저걸 선생님 말고 누가 할 수 있겠어?' 어처구니없다는 생각에 물구나무서기조차도 못 하는 나는 아예 포기하고 매트에 널브러져 쉬었다. 근데, 선생님의 시범 후, 나를 둘러싼 고수들이 그 자세를 다 해내는 게 아닌가! 저게 학생들도 가능한 자세였어? 고수들이 전부 선생님처럼 물구나무서기를 하고 다리를 자유자재로 움직이는 모습에 처음에는 입이 떡 벌어지게 놀랐는데 볼수록 멋진 광경이었다. 그들은 마치 어여쁜 정원에서 솔솔 부는 바람 따라 한들한들 움직이는 꽃 같았다. 그 우아한 정원의 중심에 내가 있는 듯한 느낌은 황홀하기까지 했다. 그 황홀함을 만끽하다가 문득 '이곳에서 나는 제일 못하는 꼴찌인데 제일 행복한 사람이다'라는 생각이 들었다. '내가 내 삶에서 이런 순간이 있었나?'라는 생각이 천둥 번개 치듯 강타했다. 이제껏 나는 해야 할 일을 조금이라도 못하면 결코 행복하지 않았다. 관객 입장에서 무대 공연을 감상하며 행복한 적은 있지만, 같은 무대에서 같은 일을 하다가 1등이어야만 행복했지 1등이 아니면 결코 행복하지 않았다.

바로 그 순간의 생각을 계기로 나는 남은 인생에서 어떤 일을 해야 하는지 해답을 찾아갈 수 있었다. 내가 꼴찌여도 보람 있고 행복한 일은 무엇일까? 어려움에 처한 사람들, 도움이 필요한 사람들과 서로를 북돋우며 살아가는 일일 것이다. 내가 좋아하는 심리학 분야도 접할 수 있고, 그 지식을 활용하며 사람들과 더불어 살 수 있는 일은 무엇일까? 고향, 가족을 멀리 떠나 살며 힘들 때마다 정신적으로 큰 위안이 되어왔고 앞으로도 늘 함께할 음악이 내 일에서도 활용된다면 금상첨화가 아닐까? 다양한 인종, 다양한 사람, 대화가 불가능한 사람과도 교류할 수 있는 음악의 공용성은 활용 가치가 크리라는 확신이 있었다. 답을 찾아가는 데 가속도가 붙은 나의 생각을 따라잡으며 정보를 찾고 수집하다 보니 교집합으로 수렴해가는 지점이 보였다. 심리학과 음악을 접목한 일로 다양한 사람과 함께 살면서 꼴찌여도 행복한 일로 내가 최종으로 도달한 곳은 바로 음악심리치료사였다. 이 일을 한다면 그동안 수없이 빠져든 허무의 늪, '이렇게 살아도 되나? 이렇게 사는 게 무슨 의미가 있지?'에서 탈출할 수 있으리란 확신이 들었다.

리듬, 선율, 화성, 박자, 음색 등 여러 가지 음악 요소들 중에 음악을 더욱 빛나게 하는 것이 음악 쉼표이듯이, 음악심리치료사가 되기 위해 나는 그동안의 삶을 서서히 마무리하고 내가 원하는 방향으로 도약하기 위해 '음악 쉼표' 기간에 돌입하게 되었다.

# #

음악심리치료사가 된 직장인

음악심리치료사 지망생의 분투기

○

"이력서를 봤는데, 왜 음악심리치료 공부가 하고 싶은 거죠?"

수화기에 대고 내 이름을 듣자마자 빨리 끝내자는 듯이 직구로 날아오던 담당 교수의 목소리가 아직도 생생하다.

내 전공, 경력과는 전혀 관련 없는 분야인 음악심리치료사, 한 번도 해보지 않은 일로 남은 내 인생을 변화시키기로 결정한 후 나는 정말 분주했다. 새로운 삶에 대한 정보를 수집하고, 심리치료 단체들이 개최하는 다양한 강의에 참여하는가 하면, 대학의 관련 학과들에 문의하면서 끊임없이 재점검했다. 준비할 것도 많았다. 선택한 대학의 음악심리치료학과 지원에 필요한 심리학 시험 점수는 이미 준비해두었고, 제출해야 하는 음악 이론 시험 결과 서류 준비도 끝낸 상황이었다. 다만, 지원 자격에서 요청되는 중요한 경력이 없다는 건 심각한 문제였다. 부족한 점에 대한 조언을 얻기 위해 학과에 문의 이메일을 여러 차례 보냈지만, 사무적이고 일반적인 답변만 돌아왔다. 나는 결국 담당 교수를 직접 만나 얘기하고 싶다고 이메일을 보냈다. 수개월 동안 잊을 만하면 또다시 날아오는 내 이메일에 답변하던 비서는 드디어 끝낼 시간이 왔음에 내심 반가웠을 것이다. 그녀는 바로 답장을 보내왔다. 담당 교수가 전화 상담만 가능하다면서 날짜와 시간을 통보해왔다. 전화 상담만 받겠다니, 나는 반갑지 않은 손님이구나라는 생각이 절로 들었다. 이 과에 지원하기 위해서는 음악, 심리, 교육, 사회복지 관련 학력이나 경력이 필요한데, 그런 게 전혀 없는 내가 반가울 리가 없겠지. 전화 상담은 나의 집요한 이메일 스토킹을 끊어내기 위한 것이었으리라.

아니나 다를까. 전화 상담 시 수화기 너머로 짧은 인사말

어린아이처럼 울어도 좋아요

도 없이 귀를 얼어붙게 하는 교수의 차가운 목소리는 나의 추측이 맞다는 걸 확인해주었다. 그 순간 되레 배짱이 생겼다. '그래 이게 나다, 싫으면 말고'라는 태도로 교수의 질문에 답변했다. 나의 장황한 답변을 들은 직후 교수는 내 열정이 높다는 건 알겠지만 이 분야의 일은 열정만으로 할 수 있는 게 아니라고 했다. 많은 합격자들이 좋아하는 음악으로 어려움에 처한 사람들을 도와주는 일을 한다는 게 너무 좋다며 열정적으로 지원 동기를 피력하고 입학한 후, 본격적인 실습에 들어가면 힘들어서 포기하는 경우가 종종 있다고 했다.

"이력서를 보니 명문대 MBA학위까지 있네요. 하던 일 계속하시면 잘될 것 같은데 왜 이쪽에 관심을 돌려요? 시간 낭비, 돈 낭비 하지 마세요!"

딱 잘라 말하며 전화 상담을 마무리하려는 태세였다. 나는 내 생에 최고의 조언이라고 찬사를 보내면서 시간 낭비도, 돈 낭비도 아니라는 걸 보여줄 테니 기회를 달라고 했다. 수화기 너머로 "하!" 감탄사도, 코웃음도, 한숨도 아닌 미묘한 소리에 이어 상담을 어서 종결짓고자 하는 소리가 들려왔다.

"꼭 지원하고 싶으면, 아주 심한 중증 장애를 안고 사는 사람들을 위한 봉사를 해본 후에 돌아오세요."

나는 대답했다.

"네. 꼭 실행하고, 다음 해 입학 지원 기간에 교수님께 돌아올 걸 약속하겠습니다."

그렇게 어렵사리 연결된 상담이 끝났다. 할 수 있다는 생각에 큰소리쳤지만 막상 중증 장애를 안고 사는 사람들을 위한 봉사 단체나 기관에 연락하면서, 무식한 사람이 용감하다는 말이 딱 나였다는 사실을 깨달았다. 인터넷으로 중증 장애인을 보호하는 시설이나 호스피스 기관을 찾는 대로 이메일을 보내고 전화를 해봤지만 모두 거절당했다. 첫 번째 거절 이유는, 홍콩 언어인 광둥어를 잘 못한다는 것, 두 번째 이유는 중증 장애인을 돌보았던 경험이 없다는 것이었다. 첫 번째 이유를 피해 가기 위해 영어로 운영되는 기관들에 집중해서 연락해보았지만 그들도 마찬가지로 경험자가 필요하다고 했다. 홍콩에서는 어찌할 도리가 없었다. 어쩌면 한국은 홍콩과 달라 기회가 있을지도 모른다는 생각에, 관련 기관들에 연락을 취해보았다. 결과는 동일했다. 한국에서도 중증 장애인을 돌보았던 경험이 없으면 안 된다고

어린아이처럼 울어도 좋아요

친절하게 거절했다. 친구의 지인이 운영하는 기관에서 잠깐이라도 봉사할 수 있게 해달라고 부탁도 해보았지만, "그 친구 특이하네"라는 지인의 말을 전하며 어렵다고 했다.

앞뒤가 꽉 막힌 미로에 갇힌 기분이었고, 교수에게 '내년에 보자!'라고 큰소리친 자신이 무척이나 창피했다. 직장생활을 하면서, 시간이 날 때마다 이런저런 정보를 찾으며 이 난관을 어떻게 풀어가야 할지 고민했다. 그 당시 내 무의식은 24시간 해결책을 찾느라 분주했던 듯하다. 어느 날 갑자기 '구정과 같은 큰 명절 때면, 다수의 직원이나 봉사자 들이 고향으로 돌아가서 가족과 시간을 보내느라 일손이 모자랄 것이다. 그러면 나처럼 경험 없는 사람이라도 받아주지 않을까?'라는 생각이 번쩍 들었다. 홍콩의 기관들은 명절 때 봉사자들이 넘쳐나서 대기자들까지 있다고 했다. 아마도 다양한 국적의 사람들이 모여 사는 국제도시라서 명절과 관계없는 외국인들이 긴 연휴 동안 봉사 활동에 더 참여하기 때문일 것이다. 차선책으로, 한국에 위치한 중증 장애인을 돌보는 기관에 전화해서 구정 기간에 봉사 활동을 하고 싶다고 거두절미하고 말했다. 처음 전화를 받았던 분이 잠깐 기다리라며 다른 분께 전화를 넘겼다. 매번, 경험이 있냐고 묻고는 단칼에 거절당하곤 했는데, 누군가에게 전화가 넘어가면서 시간이 길어진다는 것만으로도 희망적이고 좋은 예감이 들었다. 다른 분이 전화를 넘겨받고는 질문을 했다. "구정 때 오신다고요?" 경험이 있냐는 질문이 아니었다! "네, 구정 때 가면 안 될까요?"라고 사정하듯 말씀드렸는데, 너무나도 반가워하셨다.

"그때 직원들도 몇 안 되는 데다가 봉사자도 없어서 와주시면 저희는 너무 감사하지요."

그 순간, 내가 수십 배로 더 고마웠다는 사실을 그분은 모르실 거다. 그분과 방문 일자를 확정한 후, 구정 기간에 한국으로 갔다. 자주 연락을 하는 친한 한국 친구에게 구정 기간에 봉사자가 나 말고는 없다고 했더니, 친구뿐만 아니라 친구 동생도 기꺼이 동행해주었다. 마침내 어려운 문제를 풀었다는 기쁨은 잠깐이었고, 막상 처음으로 중증 장애인 기관에 봉사하러 가게 되니 은근 걱정도 되었던 터라 그들의 동행은 내 인생 전환기의 초석을 다지는 가장 값지고 감사한 순간으로 두고두고 기억될 것이다.

우리가 봉사를 하기 위해 도착한 곳은 평범하고 오래된 가정집처럼 보였다. 대문을 거쳐 현관을 들어서는데 마치

어린아이처럼 울어도 좋아요

어렸을 적 친구 집에 들어가는 기분이었다. 열대여섯 명의 중증 장애인을 돌보는 기관인데 그날 그곳에는 딱 두 분의 선생님이 계셨다. 현관에서 맞이해주시는 두 분은 피곤한 기색이 역력했다. 목소리에도 피곤함이 깊게 배어 있었다. 먼저, 우리가 오전 중에 해야 할 일들을 설명했다. 청소, 세탁물 개기, 옷장 정리, 아이들 식사를 도와준 후 필요에 따라 그곳 선생님들의 일을 돕는 것이다.

아이들이 있는 방으로 갔을 때는, 솔직히 힘들었다. 이미 인터넷으로 본 사진과 정보가 있었지만 막상 실제로 아이들의 모습을 마주하니 마음이 동요되었다. 대부분이 어린아이였고 청소년으로 보이는 이들도 두세 명 있었다. 20대로 보이는 두 명은 어린아이 지능인 지적 장애인이었다. 한 방에는 대부분 겨우 앉을 수 있는 아이들, 다른 한 방에는 앉을 수조차 없어서 누워 있는 아이들이었다. 말을 할 수 있는 아이는 거의 없었다. 식사 시에 음식을 씹을 수도 없고, 묽은 죽조차 삼키기 어려워하는 아이들이었다. 여기저기서 들려오는 신음 소리가 그들의 유일한 대화 수단이었다. 나름 마음의 준비를 하고 갔지만, 감당할 수 없는 충격으로 뇌와 감정이 마비되었던 듯하다. 아무렇지도 않은 듯 일을 하다가 구석에 홀로 무표정으로 외로이 앉아 있는 남자아이를 보는 순간, 백 퍼센트의 슬픔과 마주한 기분이었다. 마비되어 있던 감정마저 폭발시킬 수 있는 거대한 슬픔 그 자체, 그것이 그 아이의 모습이었다. 결국 화장실로 가 울고 말았다. 그 뒤로 그 남자아이의 모습을 떠올리면 울컥해지곤 했다. 왜 그렇게 기관 관계자들이 중증 장애인을 돌본 경험을 중시했는지 이해할 수 있었다. 나는 미숙한 미경험자였다.

청소, 세탁물 개기, 식사와 세안 도우미, 설거지를 하다 보니 오전이 훌쩍 지나갔다.

음악의 위대한 힘과 부작용 사이에서

。

오후엔 희귀병인 주버트증후군을 앓고 있는 아이를 돌보는 일이 주였다. 아이 옆에 있는 음악 상자에서 흘러나오는 음악을 조절해주는 게 내 일이었다. 선천적으로 뇌의 이상을 안고 태어난 그 아이는 정신적, 육체적으로 아주 미약한 상태였다. 스스로 앉거나 일어설 수 없었고, 시력도 거의 없는 상태였으며, 누운 상태에서도 팔다리를 겨우 움직였다. 그 아이의 특이 사항은 음악에 아주 민감하다는 것이었다. 좋아하는 음악이 나오면 활짝 웃으며 리듬을 타면서 팔과 다리를 움직였다. 음악은 그 아이를 함빡 웃게 했고, 팔다리를 리듬에 맞춰 저절로 움직이게 하면서 운동을 하게끔 하는 유일한 수단이었다. 자신이 싫어하는 음악이 나오면 갑자기 괴로운 표정으로 돌변하고는 몸을 움츠리며 고통스러운 신음 소리를 냈다. 음악 상자에서는 동요, 가요, 클래식 등 다양한 장르가 무작위로 바뀌면서 흘러나왔다. 아이가 활짝 웃으면서 움직일 때는 나도 함께 기뻐했지만 고통스러워하는 모습에는 어쩔 줄 몰라 했다. 아이의 몸 어딘가 갑자기 아픈 건가 걱정을 하다가, 음악이 바뀔 때마다 정확하게 표정 변화가 일어나는 걸 보면서, 그 아이의 몸과 마음을 조절하고 있는 건 순전히 음악이라는 걸 알게 됐다. 그제서야 내가 해야 하는 일은 아이가 싫어하는 음악이 나올 때면 신속하게 음악 상자 버튼을 돌려서 다음 음악으로 바꾸라는 걸 알게 되었다. 그날, 음악이 끝나갈 때마다 긴장했던 순간을 떠올리면 지금도 그 음악 상자의 조그맣고 새까맣던 버튼이 보인다.

모든 게 처음이었다. 중증 장애인 시설에 찾아가 봉사를 한 것도, 주버트증후군이라는 병명을 들은 것도, 음악이 인간의 몸과 마음에 미치는 영향의 위대함을 직접 관찰한 것도. 음악심리치료를 공부하고 싶어 했던 내게 마치 누군가가 미리 계획해놓은 것처럼 그날 음악에 아주 민감한 아이를 만났던 건 내 인생의 참 신기한 경험이다. 그 경험으로 원하던 음악심리치료 공부를 시작할 수 있었다. 공부를 시작한 후에는, 그 경험이 내게 더더욱 귀하게 자리하게 되었는데, 음악심리치료가 무엇인지, 효과가 무엇인지를 간단, 명료하게 설명해줄 수 있는 아주 좋은 예이기 때문이다.

음악심리치료에서 세 가지 핵심 요소는 클라이언트(내담자), 음악, 음악심리치료사이다. 정신건강의학과와 굳이 비교를 하자면 클라이언트는 환자, 음악은 처방되는 약, 음악심리치료사는 의사이다. 정신건강의학이 충분한 임상 실습과 과학적 증거로 뒷받침되듯, 음악심리치료학도 오랜 시간 충분한 임상 실습을 거친 결과들로 뒷받침되는 대체의학 또는 보완의학이라고 할 수 있다. 주버트증후군을 앓고 있는 아이가 음악을 들으면서 보여주었던 반응은 음악의 좋은 효과뿐만이 아니라 부작용도 보여주었다. 그 상황에서 음악심리치료사가 있었다면 병과 건강 상태, 심리 상태를 충분

어린아이처럼 울어도 좋아요

히 인지한 후, 좋은 영향을 주는 음악들을 선택하여 건강 상태와 삶의 질을 향상시킬 수 있도록 다방면으로 도와주었을 것이다. 완치될 수 없는 병을 안고 살아가는 아이에게 음악을 이용해서 늘 수반되는 고통이 완화되도록 조절하고, 운동할 기회도 주어지도록 하면서 삶의 질을 높여주는 게 바로 음악심리치료이다. 음악심리치료에서 특히 고통 완화와 안정 효과는 많은 연구를 통해 널리 입증되어서, 선진국에서는 환자의 치료와 재활을 위해 음악심리치료사들이 병원에 상주하며 의학 관계자들과 협업하는 경우가 많아지고 있다.

음악심리치료사 지원자들이 내게 조언을 구할 때면 나는 늘 그날의 중증 장애인 아이들과의 첫 경험을 언급한다. 지식을 쌓는 공부도 중요하지만, 무엇보다도 사람들과 부대끼며 직접 체험하는 봉사 활동을 강조한다. 그 경험이 없었다면 전화 상담으로 시간 낭비, 돈 낭비 하지 말라던 교수의 말처럼, 나 역시 순간적으로 타오른 속 빈 열정 껍데기만 갖고 달려들었다가 중도에 포기해버리는 학생 중 한 명이 되었을 수도 있다. 음악심리치료 과정을 이수하며 임상 실습을 통해 다양하고 수많은 장애인을 만났지만 그날의 경험이 나를 단단하게 만들어준 덕분에 큰 어려움은 없었다. 물론, 버거운 양의 자료를 찾고 숙독하고 졸업 논문을 준비함과 동시에, 지속되는 임상 실습 준비, 실행, 분석, 보고를 끊임없이 해야 하는 과정이 결코 쉽지 않았다. 개인차가 있겠지만, 내 경우에는 직장인에서 음악심리치료사가 되기까지 여정 가운데 입학 준비에 가장 큰 에너지를 쏟았다. 입학 후의 과정을 산에 비유한다면, 준비 과정은 넘을 수 없을 것 같은, 정상이 보이지 않는 험한 산을 타는 듯한 기분이었다. 단순히 입학에만 도움이 되는 과정이 아니었다. 내 삶 전체를 재점검하고 가치를 재수립하는 데 큰 영향을 받았다. 입학 후는 굽이굽이 고개 넘고 언덕 너머 펼쳐진 길을 찾아가는 인내와 성취의 과정이었다. 이 역시 삶을 살아가는 태도를 재점검하게 하는 값진 시간이었다.

모든 과정을 끝낸 후, 호주음악심리치료협회에서 보내온 자격증이 내 손에 도착했다. 그날은 공교롭게도 퇴사일이었다. 내 인생에서 직장인으로서의 삶을 마감하던 날 저녁, 집에 도착하자마자 해외에서 온 소포를 뜯고 음악심리치료사 자격증을 펼쳐보면서 누군가 나의 삶을 조종하고 있나라는 생각이 들 정도로 기가 막힌 타이밍이었다. 뜻이 있는 곳에 길이 있다더니, 포기하지 않고 내 뜻을 따라가다 보니 마침내 새롭게 펼쳐진 길을 향해 굳게 닫혀 있던 문이 열린 것이다.

# #

음악심리치료와 요가의 이중주

음악심리치료가 효과적인 그룹

。

신체 건강을 위해 꾸준한 운동이 필요하듯, 정신 건강을 위해서도 꾸준한 마음 운동이 필요하다. 생각해보면 이상한 일이다. 몸을 다치거나 병이 생기면 치료받는 게 당연하다고 여기면서 정신 건강에 문제가 생기면 그렇지가 않다. '정신'과 '치료'라는 단어가 조합되면 굉장히 큰 결함을 지닌 사람이라는 사회적 선입견이 21세기에도 강력하게 작동하고 있다. 왜일까 생각해보면, '치료'란 병이나 상처를 잘 다스려 낫게 하는 과정을 일컫는데, 정신이란 명확하게 눈에 보이는 물리적인 치료 대상이 아니기에 사실상 완치가 불가 능하게 여겨지기 때문이 아닐까 싶다. 또한, 정신 건강과 관련한 여러 증상이 과거에는 동서양 할 것 없이 샤머니즘 현상과 결부되면서 더욱 그러한 선입견이 강화되었으리라 짐작된다.

사실 우리나라에서 일컬어지는 '음악심리치료'는 외국에서 시작된 '음악세러피music therapy' 학문을 받아들이며 번역된 이름이다. 한국어로 '치료'라는 단어가 사용되어 번역되었지만, 음악심리치료 목적은 '치료' 개념보다는 완치가 불가능한 장애나 불편함을 안고 살아가는 사람들이 장애의 증상이나 불편함을 완화하고 조절하면서 좀 더 나은 삶을 살도록 음악으로 도움을 주는 것이다. '세러피'가 '심리치료'로 번역되기는 했으나, 사람들이 통상적으로 일컫는 치료의 개념은 아닌 셈이다.

그렇다면 이 음악심리치료는 어떤 사람들이 주로 받을까? 이 치료법의 효과가 좋은 대표적인 두 그룹은 치매나 자폐 증상이 있는 사람들이다. 치매를 겪는 사람들에게는 음악의 여러 가지 효과를 이용해서 진행 정도를 늦추고 그들이 겪는 불안감 등을 해소하도록 도움을 준다. 소리에 민감하게 반응하는 자폐 아이들에게는 음악을 이용하여 사회성이 향상되도록 도움을 준다. 이처럼 치료 효과가 뚜렷하게 눈에 보이는 집단에게는 음악심리치료가 국내외 많은 곳에서 활발히 진행되고 있다. 음악심리치료학 석사 과정의 임상 실습을 하면서 내가 만난 클라이언트들의 99퍼센트는 신체적, 정신적 장애, 자폐증, 조현병 증세가 있거나 치매 노인들이었다. 신체적, 정신적 장애가 없는 클라이언트는 배우자나 가족을 잃고 난 후 우울증을 겪는 집단이었지만 장애가 있는 사람들에 비하면 극소수였다. 대부분의 음악심리치료가 이뤄지는 장소는 특수학교, 병원, 재활원, 양로원, 요양원이었고, 우울증을 겪는 집단인 경우는 사회 복지 센터였다. 나는 이 점에 언제나 가장 큰 아쉬움을 느낀다. 음악심리치료 과정에서 나타나는 다양한 효과를 비장애인도 경험해보길 바라기 때문이다.

마음이 항상 편한 사람은 없다

○

장애가 없고 몸이 건강할지언정 마음이 항상 편한 사람

은 없다. 완치되지 못하는 장애나 불편함을 안고 살아가는 사람들을 위한 음악심리치료는 몸과 정신이 건강해도 마음이 편치 못한 이들의 삶의 질을 높여주는 데 큰 역할을 할 수 있다. 가령, 달리기를 하면서 빠르고 경쾌한 음악을 들으면 지구력과 의욕이 향상되어 더욱 효율적으로 운동할 수 있게 된다. 이는 재활 치료를 받는 환자들에게 그들의 움직임에 맞춰서 음악을 연주해주면 효과가 커지는 음악심리치료 요법의 효과와 같다. 비 오는 날, 경쾌한 음악보다는 잔잔한 음악을 즐기는 사람들, 여행 갈 때 신나는 음악으로 흥을 돋우는 사람들, 우울할 때 슬픈 음악을 들으며 맘껏 울고 나면 기분이 전환되는 사람들, 이는 음악심리치료에서 현 상태의 감정과 동일한 음악으로 시작하여 음악에 변화를 주면서 감정을 서서히 조절해나가는 요법의 시작 단계와 흡사하다. TV를 시청하며 웃다가도 가수가 절절하고 구슬픈 노래를 부르면 갑자기 눈물을 흘리며 추억 속에 잠기기도 한다. 이는 음악으로 사람의 감정을 조절하고 기억을 상기시키는 음악심리치료 요법이다. 음악을 이용해 기억을 상기시키는 연상 작용은 치매 클라이언트들에게 자주 쓰이는 요법이기도 하다.

이처럼 일상생활에서 대다수 사람들이 부지불식중에 자연스럽게 음악 효과를 보고 있지만 음악을 우연히 듣게 되는 상황이거나 스스로가 능동적으로 이용할 수 있을 때 가능하다. 스스로 음악을 이용할 수 있더라도 몸과 마음에 도움이 되도록 잘 활용해주는 게 중요하다. 음악 효과에는 좋은 점도 있지만 좋지 못한 점도 있기 때문이다. 예를 들면, 사교장이나 클럽에서 사용하는 음악이 더욱 흥겹게 춤을 추며 즐거움을 만끽하게 하는 효과가 있는 반면, 적절한 휴식을 취하는 데에는 도움이 되지 못하고, 과음을 부추겨 건강에 해로울 수 있다. 상황에 따라 음악은 사람의 공격성이나 폭력성을 부추기는 요인이 될 수도 있고 심지어는 자해까지 이르게 한다. 대표적인 예로, 1980년대 우리나라에서 탈옥수들이 인질극을 벌였던 일화가 있다. 그들이 대치하던 경찰에게 음악을 요청한 후, 그 음악을 들으며 자살을 시도해 사회에 큰 파문을 낳았다. 같은 음악이어도 사람에 따라 다른 효과를 낳기도 한다. 세계적으로 폭발적인 인기를 끌었던 노래 〈아기상어〉(2022)를 불편한 상황에서 반복해 들었던 사람들에게는 이 노래가 일종의 정신적인 고문으로 작용했다고 보고되었다.

음악 효과의 다양함, 개인차, 장단점을 고려해볼 때 신체적, 정신적 장애를 겪지 않는 비장애인에게도 음악심리치료사와 함께하는 효과는 심신의 건강, 삶의 질을 높이는 데 분명 큰 역할을 한다. 사회에서 활발히 활동하는 사람들의 심신 건강 상태와 삶의 질은 전체 사회 구성원의 정신 건강에 지대한 영향을 미친다. 이들이 신체 건강 관리를 위해 헬스장에 가듯, 정신 건강을 위해 자연스럽게 음악심리치료 요법을 접할 수 있다면 본인의 건강과 삶의 질만이 아니라 사회 구성원 전체의 삶의 질을 높이는 데에 기여하는 것이다.

그러나 사회적으로 음악심리치료가 정신적, 심적으로 '병'을 앓는 사람들이 받는 치료라는 인식이 강하다 보니 비장애인은 음악심리치료를 거부하는 경향이 팽배하다. 장애인의 경우 음악심리치료 효과가 시각적으로 바로 보이는 사례가 종종 있지만, 비장애인에게는 보이는 신속한 효과가 적어서 선호되지 않기도 한다. 사람들은 표면적인 효과에만 집중한 나머지, 확인되기까지 시간이 필요한 내적 효과를 기다리지 못하고 너무 빨리 등을 돌린다. 보이지 않는 것을 예민하게 감지하는 감각을 기르고, 꾸준히 건강을 관리하며, 효과가 나타날 때까지 기다리는 인내심만 있다면 음악심리치료를 활용한 몸과 마음의 건강 관리를 효과적으로 할 수 있다.

이게 무슨 한가한 소린가 싶을 수도 있다. 보이지도 않는 것을 감지하라니, 효과가 나타날 때까지 기다리라니, 바쁘디바쁜 현대 사회에서 가능한 말인가. 이렇게 생각해보자. 팔다리가 부러지거나 피부에 큰 찰과상을 입으면 통증이 바로 느껴지기 때문에 곧장 치료를 받는다. 이에 반해 몸 안으로 들어갈수록 이상이 생겨도 통증이 바로 전해지지 않는다. 내장통이 느껴질 때에는 이미 치료 적기를 놓친 경우가 많다. 큰 질환이 뒤늦게 발견되는 이유도 바로 이 탓이다. 몸의 건강도 이러한데, 정신 건강은 어떨까? 정신 건강은 아무리 심각한 상황에서도 신체적 통증이 없을 확률이 높고, 당장 목숨이 위태롭지도 않다. 그렇기에 미리 관리하기는커녕 대응이나 치료조차 하려 하지 않는다. 애석한 일이다. 음악심리치료를 통해 만난 클라이언트 중 오랜 기간 정상적인 사회생활을 하다가 50대에 정신질환이 생기고 심각한 수준으로까지 악화되어 폐쇄 병동에서 생활하는 분을 만난 적이 있다. 그녀와 음악심리치료를 진행하며 안타까움이 참 컸다. 평소에 몸 건강을 위해 꾸준히 운동하듯, 정신 건강을 위

어린아이처럼 울어도 좋아요

해 꾸준히 마음 운동을 했다면 충분히 건강한 중년을 맞이하셨을 분으로 보였기 때문이다.

음악심리치료에 대한 비장애인의 입장은 크게 세 가지 그룹으로 나뉜다. 첫째, 음악심리치료의 존재 여부조차 모르는 사람, 둘째, 들어보긴 했지만 실제로 어떻게 하는 건지 생소해서 접하지 못하는 사람, 셋째, 이미 알고 있지만 거부감으로 접하지 않는 사람이다. 임상 실습을 하는 내내, 이 실용적인 음악심리치료를 어떻게 하면 비장애인도 거부감 없이, 자연스럽게 경험하게 할 수 있을까 늘 고민하였다. 음악심리치료를 대중화하고 싶었고, 답은 가까운 곳에 있었다. 바로 요가였다.

닮은 점이 많은 음악심리치료와 요가

°

음악심리치료의 궁극적인 목표를 한마디로 표현하자면 '일반화'다. 음악심리치료에서 얻은 효과를 일상생활로 연장한다는 뜻이다. 예를 들면, 비행기 공황장애가 있는 클라이언트에게 적용되는 음악심리치료 요법은 좋아하는 음악을 들으면서 마음의 안정을 찾게 해주는 사물, 느낌, 추억 등으로 연상 작용을 강화하는 것이다. 이러한 음악심리치료는 실제 생활에서 비행기에 탑승할 때에 그 음악을 들으면 연관 지어 떠올렸던 사물, 느낌, 추억 등이 자동으로 연상되면서 마음이 안정되는 효과를 가져온다. 많은 사람이 운동을 하는 이유도 일상에서 건강하게 생활하기 위함이다. 운동역시 '일반화'가 목적인 셈이다. 대중화된 여러 가지 운동 중에서 음악심리치료 요소를 많이 내포하고 있는 운동이 있는데 그것이 요가이다. 둘은 생각보다 정말 공통점이 많다.

음악심리치료에서 추구하는 심신 안정은 요가에서도 호흡과 명상을 통해 강조되고 있다. 둘은 목표가 동일하다. 완치가 아니라 불편함을 완화하고 조절하며 좀 더 나은 삶을 살아가는 법을 터득하게 하는 것이다. 구체적인 요법에서도 비슷한 점이 많다. 가장 먼저, 소리를 통해 몸의 진동을 느끼게 하는 과정이 비슷하다. 정통 요가를 시작할 때에 함께 노래하듯 "아, 오, 옴, 음"을 읊는 경우가 종종 있다. 이는 상징적인 의미도 있지만, 서로 다른 몸의 부위에 진동을 일으켜심신의 건강과 안정을 도모한다는 효과도 있다. 이는 노래나 음악 소리를 통해 몸의 진동을 느끼게 함으로써 심신의

어린아이처럼 울어도 좋아요

안정을 꾀하는 음악심리치료 요법과 흡사하다. 특히, 청각 장애인이나 통증을 겪는 환자들을 위한 음악심리치료에서 음악의 진동을 이용한 요법은 중요하다. 두 번째로, 요가에서 중요시되는 호흡 중 '벌 호흡'(귀를 막고 숨을 들이마신 후, 날숨과 함께 벌 소리처럼 '음' 소리를 내는 호흡으로 두뇌의 진동을 느끼게 한다) 또한 음악심리치료에서 스트레스 해소를 위해 적용되는 요법과 흡사하다.

요가와 음악심리치료가 많은 점에서 비슷한 게 어찌 보면 신기한 일은 아니다. 요가는 아유르베다라고 불리는 인도 의학과 접목되어 수천 년간 연구와 시행착오를 거치며 인간의 삶과 건강을 위해 다양한 요소와 기법을 아울러왔으니 말이다. 반면, 음악심리치료 이론은 1800년대에 수립되기 시작했고, 학문으로 연구되고 활성화된 건 1900년대 중반이다. 요가의 역사에 비하면 음악심리치료는 아주 짧지만, 인간에게 미치는 음악의 효과에 집중했다는 점에서는 좀 더 과학적이고 심도 있는 건 분명하다. 2014년, UN에서 요가가 인간의 건강에 미치는 효과를 인정하면서 매해 6월 21일을 '국제 요가의 날'로 지정하였다. 이는 전 세계적으로 요가 대중화에 가속도를 붙이는 계기가 되었으며, 요가가 정신 건강에 미치는 효과에 대한 과학적인 연구를 촉진시켰다. 2018년 저널 〈국제 예방의학International Journal of Preventive Medicine〉에서 발표한 논문을 보면, 여성 52명을 대상으로 일주일에 세 번씩 60~70분 동안 요가 자세, 호흡, 명상을 4주간 실시한 것만으로도 우울증, 불안장애, 스트레스가 현저하게 감소하는 결과를 확인할 수 있다.

나는 본격적이고 공식적으로 요가와 음악심리치료를 조합하기로 했다. 둘의 여러 공통점, 효과, 밀접한 연관성을 고려해볼 때, 요가에 음악심리치료 요법들을 접목하여 클라이언트에게 맞는 수업을 만들면 큰 상승 효과가 생기리라 확신했다. 요가가 이미 음악 효과를 아우르고 있지만 과학성과 깊이 면에서 부족한 건 사실이었다. 그 부분을 음악심리치료 요법으로 보완할 수 있었다. 음악심리치료 요법은 과학적이고 심도 있지만 심적, 정신적 부분의 접근성 면에서 발생하는 추상적인 난해함을 섬세하게 다루기 힘든 점이 있었다. 그 부분을 신체에서부터 출발하는 요가 기법으로 보완할 수 있었다. 이뿐만 아니라, 편견이나 오해로 음악심리치료를 기피하는 사람에게는 대중 운동이 된 요가를 통해 자연스럽게 음악심리치료 요법의 효과를 접해볼 기회를 줄

어린아이처럼 울어도 좋아요

수 있지 않은가. 생각할수록 두 가지를 조합한 요법을 망설일 이유가 없었다. 신체 건강, 정신 건강을 함께 도모하는 몸 운동, 마음 운동으로 어우러진 총체적 건강 수업이 되리라는 확신 아래 '요가&음악세러피'라는 이름의 수업을 개설하고, 다양한 비장애인 클라이언트를 만나기 시작했다.

2

어린아이처럼 울어도 좋아요

# #

치료라니요, 요가 하러 왔어요

여전히 비밀인 심리치료

。

　20여 년 전 가족들과 호주 여행을 갔다. 그 여행에서 가장 인상적이었던 건 가이드에게 듣게 된 이야기였다. 가이드는 이민을 가서 꽤 오랫동안 호주에서 산 한국인이었다. 관광 버스를 타고 다음 관광지로 이동 중에 그 가이드가 호주 사람들의 일상생활에 대해 설명해주는데 귀가 솔깃했다. 호주의 아이들이 가장 많이 만나는 의사는 소아과의가 아니고 정신과의라는 것이었다. 정신 건강을 중요시하는 호주에서는 어릴 적부터 소아과보다는 정신과를 더 자주 찾으며 심리, 정서 상태를 점검한다고 했다. 그런 환경에서 자란 덕에 성인이 되어서도 자연스럽게 정신과 의사를 만나러 간다고 했다. 당시에 정신과 출입을 금기시하던 우리나라와 사뭇 다른 풍경이었다.

최근 한국에서도 마음 건강의 중요성이 높아지면서 정신건강의학과 방문에 대한 부정적인 시각이 점차 변화되고 있지만, 우리 가족이 호주 여행을 갔을 당시만 해도 사회에서 낙인이 찍힐까 봐 본인과 가족 모두 쉬쉬하는 게 일반적인 분위기였다. 바로 그해에 세상에서 가장 살기 좋은 곳 1위가 호주 시드니였다. 그럴 만하다고 생각했고 무엇보다 부러웠다. 우리나라에서는 1990년대에 정신과 의사들이 쓴 에세이가 베스트셀러에 오르며 인기를 끌었지만 대중의 인식 자체가 크게 바뀌지는 않았다. 그 책들이 큰 인기를 끈 이유 중 하나는 쉽게 찾아갈 수 없는 의사들이 쓴 책이었기 때문이 아니었을까? 그 희귀성에 대한 대중의 호기심이 책의 구매로 이어졌을 법하다.

근래 우리나라에서 정신건강의학과 치료에 대한 시각이 나아진다는 것도 사실 젊은 층에서의 현상이지 중년, 노년층은 여전히 배타적인 분위기가 강한 듯하다. 주변 누군가가 가는 건 이해해도 막상 본인이 가는 것은 거부하는 중년과 노년 층의 사람들을 종종 보았다. 심지어 본인은 진료를 받고 싶다고 하는데 가족이 말리는 경우도 있다. 홍콩의 사정은 우리나라보다는 좀 낫지만 어느 정도는 비슷하다. 초, 중, 고등학교에서 정신 건강이 우려되는 학생들은 학부모와 상담하면서 심리치료사나 정신건강의학과 의사를 만나도록 권하는 게 일반화되어 있다. 협업하는 심리치료사, 정신건강의학 전문의 목록을 갖추고 있는 학교도 많다. 다만 홍콩도 젊은 층에서는 정신 건강을 중요시하는 문화가 자리 잡히고 있는데 중년, 노년 층에는 아직 일반화되어 있지 않은 듯하다. 음악심리치료가 무엇인지 묻는 사람들, 음악심리치료라는 말을 처음 듣는 사람도 많다. 홍콩에 있는 대학에서 심리치료사 학위를 받고 자격증을 딸 수 있게 된 건 10년이 채 되지 않은 것을 보아도 심리치료에 대한 인지도와 대중성이 낮다는 걸 알 수 있다. 홍콩의 대학에서 음악심리치료 공부를 하려면 학사는 이미 수료하고, 사회생활 경력이 있어야 입학이 가능하다. 특히 교육이나 사회사업 분야에서 경력 있는 학생이 많다. 그 학생들을 위해 강의할 때 비장애인을 대상으로 음악심리치료를 대중화하는 건 결코 쉽지 않

어린아이처럼 울어도 좋아요

은 일이라고 하면 모두 고개를 끄덕이며 수긍한다.

　3년 전, 한국 인터넷 신문에 기고한 내 칼럼을 보고 미국에 거주하는 한국분이 이메일을 보내왔다. 미국에서는 필요에 따라 심리치료사들을 찾아가는 게 자연스러운 일인 반면, 한국에 계신 부모님 세대는 꺼리신다면서 안타까움을 토로하는 내용이었다. 지인 중 60대 중반인 외국인이 있는데, 학식이 높아서 많은 사람의 존경을 받는 분이시고 미국에서 오래 생활하시다 홍콩으로 옮겨 오셨다. 그분도 미국에서 심리치료사를 종종 만났다면서 대화 중에 자연스럽게 말씀하셨다. 영국에서 온 친구도 마음이 힘들 때 가족들 권유로 심리치료를 자주 받았다고 했다. 네덜란드에서 온 친구도 조현병 증상이 경미하게 있어서 정신과 약을 먹는다고 했다. 여럿이 모인 자리에서 자연스럽게 말하는 그들이 부러웠다. 다양한 국적의 사람들이 모이는 홍콩에서 생활하며 주변인들만 보더라도 서양권 사람들에 비해 아시아인은 정신 건강 관련해서 전문가를 찾거나 지인들과 터놓고 얘기하길 주저한다. 감기 걸렸다고 대수롭지 않게 말하듯, 자신의 정신 건강 상태를 말할 수 있고 조언, 도움을 구하면서 지인들과 대화를 시작할 수 있는 것이 정신 건강 관리의 출발점 아닐까.

호흡으로 하나 되는 음악심리치료와 요가

。

　음악심리치료 이론 공부를 시작으로 해서 매 학기 임상 실습을 하고 자격증을 취득한 후 전문 음악심리치료사로서 독립된 나의 세션을 진행하는 모든 여정을 찬찬히 돌아보면, 매 순간이 값진 배움의 시간이지만 그중에서도 임상 실습 때 만난 클라이언트들과의 경험이 가장 값지다. 이론 지식만 있고, 실제 경험이 없던 나에게 학기마다 새로운 클라이언트를 만나는 건 설레면서도, 행여 내가 실수를 하면 어쩌나 싶어 큰 부담을 느끼는 일이었다. 학기마다 바뀌는 임상실습 지도교수들은 지도 방식에 개인차가 있어서 그에 적응하는 것이 또 부담의 가중치를 훌쩍 높였다. 임상 실습 전에 어떻게 나의 세션을 진행할지 계획을 짜고, 임상 실습 직후에 지도 교수와 평가를 위한 미팅을 하고, 미팅 후에는 클라이언트별로 분석 보고서를 작성해서 제출하고, 또다시 이어지는 지도교수와의 미팅. 세션 계획과 분석 보고서에는 과학적으로 뒷받침할 수 있는 논문들을 근거 자료들로 첨부해야 한다.

　이것만으로도 굉장히 버거운데 이론 수업을 진행하는 교

수들은 따로 수업 준비로 이거 읽어라, 저거 읽어라, 논문들을 첨부하고 과제물에 관한 이메일을 끊임없이 보내온다. 이런 버거움을 겨우 버티다가 매 학기 평가 과제물 마감일이 다가올 때면 같이 공부하는 친구들 중 반은 마스크를 끼고 나타나 감기, 두통으로 여기저기서 콜록콜록, 시름시름 앓았던 기억이 있다. 당시에는 몸이 허약한 친구들이라고 생각했지만 돌아보니 다들 버거운 시간을 잘도 버텼다는 생각이 든다. 학생들을 더욱 단결하게 만드는 건 깐깐한 교수나 임상 실습 지도교수에 대한 불평, 불만이었다. 공동의 적(?)에 대한 공통의 감정이 그 시간을 견디게 하는 에너지로서 한몫했다고 해도 과언이 아니다. 우리도 전담 음악심리치료사가 필요하다며 구시렁거리다가도, 밤을 새우고 나타나서 피곤에 지쳐 시들시들하다가도, 자신들이 진행했던 세션과 클라이언트들에 대해 토론할 때면 눈빛이 반짝반짝 빛나며 열정적이었던 모습들…… '그래, 바로 이거였지'라며 마음을 가다듬고 다시 전진하게 한 큰 원동력이기도 했다.

내가 힘들었던 학기는 참 깐깐하고 요구 사항이 많았던 임상 실습 지도교수를 만났던 때이다. 이 교수의 임상 실습 지도법은 치료사가 주가 돼 계획한 것들을 하나하나 실행

함으로써 목표를 달성하는 것이었다. 목표는 같더라도 음악심리치료 요법을 어떻게 적용할지에 대한 접근 방법은 크게 네 가지 틀로 분류할 수 있다. 첫째, 행동적 프레임워크behavioural framework다. 치료사가 계획을 짜고 그에 맞추어 클라이언트를 이끌어가면서 행동 변화나 성과를 추구함으로써 목표를 달성하는 방법이다. 둘째, 인본적 프레임워크humanistic framework다. 클라이언트가 원하는 것을 중심으로 하되, 치료사가 소위 '밀당'을 하며 효과를 보게끔 진행하는 방법을 말한다. 셋째, 정신역학적 프레임워크psychodynamic framework다. 클라이언트의 무의식을 치료의 중심에 두는 방법으로서 당사자도 의식하지 못했던 중요한 사실과 감각과 감정을 짚어보는 치료법이다. 마지막으로 생태환경적 프레임워크ecological framework다. 치료사와 클라이언트뿐만 아니라 클라이언트 주변인들의 협조도 추가되어 변화를 추구하는 방법이다. 클라이언트가 뿌리 내리고 있는 삶의 토양을 자양분 삼는 방식이다.

내가 초대강사로 출강하는 학교의 학생들에게 이 개념을 나의 삶에 적용하여 예제를 들려주면 재미있어한다. 한국에서 태어나고 떠날 때까지 살았던 내 삶은 부모님에 의해 거의 모든 게 결정되었다. 때론, 자식 넷 중 유일하게 부모님의 뜻을 거역하기도 하고 반항하며 살았던 나였기에, 부모님께서는 이런 나의 판단에 억울해하실 수 있지만 그럼에도 불구하고 나의 삶을 돌아보면 홍콩을 떠나기 전까지의 삶은 행동적 프레임워크였다. 홍콩으로 오게 되면서는 필요 시엔 부모님께 조언을 구하기도 했지만 기본적으론 내가 판단하고 결정하면서 살아가기 시작했다. 이건 인본적 프레임워크와 유사하다. 나를 홍콩으로 오게 했던 이와 헤어지면서 철저하게 홀로 된 시점부터 음악심리치료 공부를 시작하겠다고 결정하기 전까지 나는 원하는 대로 살았지만 마음은 늘 삶에 돛을 내리지 못하고 방황했다. 어떻게 살아야 하나라는 의문에 대한 답을 찾지 못한 채 학업, 책, 요가, 음악 등 마음이 가는 것들에 흠뻑 빠져 살면서 나의 무의식 세계를 나도 모르게 탐구하고 분석하고 있었던 듯하다. 이건 정신역학적 프레임워크와 유사하다. 내가 하고 싶은 것을 찾아 음악심리치료 공부를 시작하면서 가족, 교수, 요가 선생, 함께 공부하는 사람, 친구, 클라이언트 모두가 나의 삶을 잘 살아가는 데 큰 영향을 주고 있음을 깨달았다. 이는 생태환경적 프레임워크라고 말할 수 있다.

이 네 가지 접근 방법 중에서 음악심리치료 세션을 진행할 때 내가 개인적으로 선호하지 않는 게 있다면 그건 행동적 프레임워크다. 물론, 경우에 따라서는 이 방법이 최적인 경우도 있고 이를 가장 선호하는 치료사도 있다. 음악심리치료 대학원 생활 중에서 한 학기가 유독 힘들었던 까닭은 나를 지도했던 임상 실습 교수가 클라이언트와의 세션뿐만 아니라 나를 지도할 때에도 이 방식을 적용했기 때문이다. 서로 추구하는 방향이 다른데 함께 걸어가는 건 불가능하다. 그러나, 지금 돌아보면 잠깐이라도 그 방향으로 걸어갔다 온 덕분에 모호했던 부분을 더 확실하게 알게 되었고 내가 추구하는 방향을 확고하게 굳힐 수 있었다. 그 당시에는 질질 끌려가는 상황처럼만 느껴져 참 힘들었다. 그 힘든 학기를 견디게 해주었던 건 바로 클라이언트 그룹이었다. 그때 만난 다양한 클라이언트들은 인간에 대해, 삶에 대해 많은 가르침을 주었고, 그로 인해 내가 전문 음악심리치료사가 되어 세션을 어떻게 이끌어갈지 틀과 방향을 명확하게 잡게 되었다.

그때 만난 클라이언트 그룹은 다운증후군을 앓는 1~3세 아이들, 특수학교 초등학생 자폐 아이들, 지적 장애가 있지

어린아이처럼 울어도 좋아요

만 단순노동이 가능하고 집에서 출퇴근이 가능한 20~30대 그룹, 중증 지적 장애로 폐쇄 병동에서 거주하는 성인들, 조현병 환자, 양로원의 치매 노인들과 거의 삶의 끝자락에서 죽음을 앞둔 노인들이었다.

여러 그룹 중 세션을 준비하면서 가장 시간을 많이 할애하고 고민을 한 그룹은 양로원 노인들이었다. 그 그룹에는 거동과 대화가 거의 불가능하여 침대에 24시간 누워 계신 분이거나, 거동은 가능하지만 치매 정도가 심한 분들이 있었다. 치매 노인 한 분하고만 음악심리치료 세션을 진행해도 쉬운 일이 아닌데 그룹으로 진행하는 건 치료사들에겐 참으로 어려운 일이다. 더러는 보호자의 동의와 추가 지원을 받고 치매를 겪는 분들을 위한 개인 세션을 진행하는 양로원도 있지만 재정 상태로 인해 그룹으로 진행하는 곳이 더 많다.

음악심리치료에서는 치매 노인에게 노래를 부르고 악기를 연주하도록 하면서 조금이라도 몸을 움직이며 가벼운 운동을 할 수 있게 하고, 의식이 깨어 있게 한다. 이런 활동을 통해 신체적, 정신적, 심리적으로 기분이 좋아지고 삶의 질을 높이도록 하는 게 일반적인 목표이다. 치매를 겪는 노인들의 경우 노래를 부르는 게 기억력에 좋은 효과가 있다. 실제로, 치매 정도가 심하지 않고 신체는 건강한 노인 그룹이 여러 가지 단체 활동을 하면서 유일하게 음악심리치료사의 이름만 기억한 적이 있다. 이는 음악심리치료를 시작할 때마다 함께 부르는 노래 첫 소절에 음악심리치료사 이름, 심리치료가 진행되는 요일, 시간, 장소가 담겨 있기 때문이다. 그러나 치매 정도가 중증이고 대화가 거의 불가능한 경우는 불안 증세가 많아, 노래로 인한 기억력 효과보다는 노래 부르듯 하는 대화 기법sung language을 이용하여 안정을 도모하는 게 훨씬 효과적이다.

개인이 아닌 그룹으로서 한 시간 동안 세션을 진행하면서 치매 노인들 한 분 한 분을 관찰하고 있노라면 멍하니 앉아 있는 분, 무언가를 계속 불평하듯 중얼거리는 분, 밖으로 나가고 싶다면서 짜증을 내는 분, 침대에서 의식이 깼다가도 곧장 스르르 잠들기를 반복하는 분 등 몸만 같은 공간에 있을 뿐 의식은 모두 다른 세상에 있는 듯했다. 그래서, 한 분 한 분 가까이 가서 음악을 이용하여 주의를 끌어야 했다. 한 분의 주의를 끌면 나머지 분들은 여전히 각자의 다른 세상에 계신다. 이런 상황이 지속되자 고민이 많이 됐다. 그룹

어린아이처럼 울어도 좋아요

전체가 함께할 수 있는 건 과연 무엇일까? 모두가 하나 되는 순간을 만들어보는 건 여간 어려운 일이 아니었다. 그러다가 인간에게 가장 기본적인 것은 무엇일까, 신체적 정신적 여건이 다르더라도, 대화가 가능하든 불가능하든, 소리가 들리든 들리지 않든, 앞이 보이든 보이지 않든, 일어서 있건 누워 있건, 신체 움직임이 가능하건 불가능하건 같은 공간에 있는 사람들이 함께할 수 있는 건 무엇일까를 곰곰이 생각해보니 한 가지가 있었다. 그건 '호흡'이었다.

음악심리치료를 공부하면서 클라이언트들의 들숨과 날숨에 맞춰 피아노를 치면서 함께 호흡하는 실제 세션 영상을 본 적이 있다. 그 클라이언트들은 대화가 가능한 일반인이었다. 나 역시도 개인 세션에서 대화를 거부했던 클라이언트에게 그의 침묵을 존중했다. 대신 우리가 함께하고 있음을 알려주기 위해 클라이언트의 호흡을 따라 피아노만 치면서 세션을 진행하다가 클라이언트가 마음을 열게 된 사례가 있다. 중증 치매 노인 그룹에서 이 요법이 과연 가능할까 고민되었지만 아무리 생각해도 다 같이 할 수 있는 것을 찾아보니 호흡밖에 없었다. 내가 악기를 연주하면서 치매 노인 그룹 전체를 하나가 되게 하는 순간을 만들기는 어렵다 판단하고, 먼저 호흡을 차분하게 지속하는 데 도움이 되는 음악을 선별했다. 대체로 청력이 좋지 않은 노인이라는 점을 고려해서 나의 들숨과 날숨에 맞추어 손을 위아래로 과장되게 움직이며 다 함께 호흡할 수 있도록 이끌어보기로 했다. 드디어 세션이 시작되었고 선별한 음악을 틀고 계획한 대로 들숨 날숨에 따라 손을 위아래로 움직이며 과장된 모습을 보여주었더니 한 분, 한 분 나를 바라보며 숨을 쉴 뿐만 아니라 손도 같이 움직이시는 게 아닌가. 처음에는 한두 분만 시작했는데 점차 숫자가 늘었다. 혼잣말로 늘 불평을 늘어놓던 분도, 밖으로 나가고 싶다고 항상 짜증을 내던 분도, 뚜렷한 의식 없이 침대에 누워서만 생활하던 분도 차분히 하나하나 따라 하면서 또렷이 나를 바라보고 있었다. 불안함과 모호함으로 흔들리던 눈빛들이 안정되고 또렷하게 반짝이는 걸 보면서, 지금 이게 현실인가 싶어 어리둥절하기까지 했다. 그 기적 같은 순간에 나는 겉으로 태연한 척했지만 속으로는 쾌재를 불렀다. 그 순간에 깨달은 호흡의 중요성으로 인해 그 후로 진행되는 모든 음악심리치료 세션에서는 클라이언트들뿐만 아니라 일상생활에서 만나는 사람들의 호흡을 관찰하는 버릇이 생겼다. 또한 다양한 호흡법이 있는 요가에서 호흡이 몸과 마음에 미치는 영향에 대해 좀 더 심도 있게 공부하게 되었다.

　모든 인간이 태어나서 죽을 때까지 호흡하지만 대부분은 호흡의 중요성을 모르고 살다가 숨 쉬는 게 불편해지고 나서야 뒤늦게 깨닫는다. 특히 건강할 때는 더더욱 호흡의 중요성과 효과를 인지하지 못한다. 정신적으로 큰 스트레스를 받는 사람들이나 감정적인 상태에 있는 사람들은 빠르고 아주 얕은 호흡을 가슴으로 한다. 그들의 얕고 가쁜 호흡을 안정적이고 깊은 복부 호흡으로 유도해내는 데에 음악이 큰 역할을 한다. 내 세션에서 만나는 모든 클라이언트들과 제일 먼저 시작하는 건 잠시 그들의 호흡을 관찰하고 서서히 음악을 이용하여 안정적인 호흡을 하도록 돕는 일이다. 내 세션에서 만난 클라이언트들 중 호흡이 얕고 빠르면서 아주 불안정했던 그룹은 대학 시험을 앞둔 수험생 그룹과 우울증이 있는 클라이언트들이었다. 건강한 몸을 만들기 위해 열심히 운동하듯, 안정적인 호흡을 위해서도 호흡 연습을 해야 한다. 의외로 복부 호흡을 어려워하는 사람이 많고, 특히 빠른 운동을 좋아하는 사람들, 어린 학생들, 20~30대 젊은 층은 단 3~5분간의 호흡 연습도 지루해하는 경우가 있다.

바로 이때 음악이 필요하다. 자신의 호흡을 관찰하면서 차분한 음악을 함께 들으면 호흡이 저절로 안정적이 되고 기분도 좋아지는 효과가 있다. 음악에 맞춰 춤을 추는 자신은 인지하지만, 음악에 맞춰 호흡하는 자신을 인지하는 경우는 거의 없다. 안정적인 음악이 듣기 좋고 마음이 편해졌다는 것만 인지하지 자신의 호흡 패턴이 어떻게 변화되었는지를 감지하지 못한다. 나의 세션 클라이언트들에게 호흡 중간에 음악을 삽입하고 음악이 호흡에 어떤 영향을 주고 그 클라이언트가 어떻게 호흡의 패턴을 바꿨는지 말해주고, 그로 인해 심신이 눈에 띄게 안정되었음을 알려주면 대부분 놀라워한다. 이렇게 심신의 안정을 가져다주는 자신의 호흡을 인지하고 꾸준히 연습해나가다 보면 어느새 그 호흡에 익숙해진다. 감정과 스트레스 조절이 필요할 때 새로이 구축된 그 호흡 패턴으로 돌아가면 큰 도움이 되는 걸 느끼게 될 것이다. 행복해서 미소 짓기도 하지만 미소를 지으면 행복해지는 감정을 느끼는 것처럼 그 안정된 호흡의 패턴으로 돌아가면 감정이 차분해지고 평화로워지는 걸 느끼게 될 것이다.

　뇌졸중으로 언어 기능에 문제가 생긴 사람은 말을 할 수는 없지만 노래는 부를 수 있다. 노래는 되는데 말이 안 된

　　　　　　　　　　　　　어린아이처럼 울어도 좋아요

다니, 본인도 이해되지 않아 힘들어하는 경우가 종종 있다. 이는 뇌에서 언어 기능은 특정 영역이 전담하지만 박자, 멜로디, 가사, 리듬 등의 음악 기능을 담당하는 영역은 각기 달라 마치 협동하듯 여러 영역이 작용하여 노래를 부를 수 있게 되기 때문이다. 마치 한 사람이 들지 못하는 무거운 짐을 여러 사람이 함께 들면 가능한 것과 같은 원리다. 그들에게 언어 기능을 찾아주는 데 음악, 특히 노래는 아주 중요한 역할을 한다. 음악심리치료에서는 그들과 노래를 부르다가 음악의 멜로디를 서서히 빼고, 그다음으로는 리듬을 서서히 제거하다 보면 언어 기능 회복에 큰 도움이 된다. 물론 하루아침에 되는 건 아니고 긴 시간과 꾸준한 노력이 필요하다. 내 세션에서 바로 이 원리를 자신의 호흡을 잘 인지하지 못하는 사람들, 깊고 차분한 복부 호흡을 어려워하는 이들에게 적용했더니 음악이 커다란 지렛대 역할을 하는 것을 발견했다. 음악에 기대어 호흡 연습을 하다가 그 안정된 호흡의 리듬에 적응되면 서서히 음악 요소들을 제거하는 것이다. 익숙해져서 내면에 구축된 그 안정된 호흡을 일상생활에서 감정 조절이 필요할 때나 안정이 필요할 때 적용할 수 있게 된다.

세러피에서 자주 강조되는 점은 '지금 바로 이 순간here and now'이다. 지금 바로 이 순간에 집중하면 과거의 고통을 되뇌며 괴로워할 필요가 없고, 미래를 걱정할 필요도 없다. 지금 이 순간 자신의 호흡을 느끼고 살펴보면서 음악처럼 규칙적인 리듬으로 차분히 유지하고자 하는 것이 '지금 바로 이 순간'에 집중하는 것이고 그게 바로 휴식과 회복, 치유의 출발점이다.

몸 건강과 마음 건강의 조화

음악심리치료를 하면서 만난 클라이언트 중에는 평범하게 가정생활, 직장생활을 하다가 60대에 조현병이 발병한 이후 정신과 격리 병동에서 생활하는 분이 있었다. 공무원으로 오랜 시간 직장생활을 하고 퇴직 후 정신질환 증세로 집과 병원만 왔다 갔다 하는 분도 있었다. 자영업을 하다가 갑자기 뇌졸중으로 쓰러진 후 언어기능 장애로 우울증을 겪는 분도 있었다. 모두 신체적으로 건강했기에 퇴직할 때까지 사회생활을 한 분들이다. 아무런 예고도 없이 갑자기 심

어린아이처럼 울어도 좋아요

신 건강이 악화되는 이유는 모든 병의 근원이라고 하는 스트레스가 누적된 결과라도 해도 과언이 아니다. 나의 경우에도 회사를 다니면서 매일 저녁 요가 학원에 꼬박꼬박 출석하며 열심히 몸 건강을 관리했다. 저녁 일정이 생겨서 요가 학원에 갈 수 없는 때에는 출근 전에 학원에 들러 열정적으로 요가를 했다. 그렇게 열심히 요가를 하며 살았는데도 어느 날 갑자기 원형탈모증이 생겼다. 머리 두 군데 뻥 뚫린 듯 비어 있는 부분을, 평소에는 잘 하지도 않던 머리핀들을 여기저기에 꽂아가며 수개월 동안 감추고 다니면서 더더욱 스트레스를 받았던 적이 있다. 그동안 나는 무얼 한 거지라는 생각으로 삶을 돌아보았다. 몸의 건강만 챙겼지 마음 건강은 전혀 챙기지 않았음을 깨달았다. 나 같은 사람은 그때도, 지금도 주변에 수없이 많다.

신체 운동은 열심히 하면서 스트레스 조절을 못 하는 사람들이 많다. 신체의 변화는 하루 동안 오르락내리락 큰 변동이 없지만 마음의 변화는 상황에 따라서 하루가 아닌 한두 시간 사이에도 요동을 칠 때가 있다. 때에 따라서 말을 않고 묵묵하게 침묵을 지키는 사람들 내면은 어쩌면 가장 시끄러운 공간일 수 있다. 스트레스, 부담감 등 외부로부터

오는 변수를 능수능란하게 조절하는 능력은 신체 건강 관리만으로는 갖추기 어렵다. 내가 스스로 겪은 몸과 마음의 부조화 경험과 음악심리치료에서 만난 클라이언트들을 통해 신체뿐만 아니라 마음 건강 관리를 함께 해야 한다는 생각이 더욱 확고해진 후, 일반인이 심리치료에 거부감 없이 접근할 수 있도록 '요가&음악세러피' 세션을 진행해온 지 여러 해가 되었다. 이 세션을 통해 만나는 참석자들은 장애가 없는 일반인인데 그들의 목표는 몇 가지로 요약할 수 있다.

참석자 중 90퍼센트는 '요가'가 목표다. '음악세러피'라는 용어는 생소하지만 흥미로워한다. '음악세러피'만 하고 싶다고 하는 소수의 분들은 몸이 뻣뻣하다면서 요가는 기피한다. 신체 운동에는 관심이 없고 마음의 휴식과 회복만을 원한다. 그들을 관찰해보면 몸이 이완되지 않아 경직된 부분이 보인다. 늘 긴장하고 걱정하는 사람들은 특히 어깨나 허리에 긴장이 축적되어 불편해하는데, 이로 인해 결국 마음도 불편해진다. 악의 순환이다. 마음의 회복만으로는 그들이 원하는 안정과 편안함을 일시적으로만 느낄 뿐이지 지속성은 떨어진다. 사실 이러한 사람들에게 요가와 같은 신체 운동이 더욱 필요하다. 음악심리치료에는 음악만 들으면서

어린아이처럼 울어도 좋아요

치료를 진행하는 수용적 음악심리치료receptive music therapy만
있는 것이 아니라 음악을 만들기도 하고, 악기를 연주하기
도 하고, 음악에 맞춰 율동을 하면서 몸을 움직이기도 하는
능동적 음악심리치료active music therapy 요법도 있다. 운동이
필요한 사람들에게는 이 요법을 적용하게 된다.

'요가'가 목표인 90퍼센트의 클라이언트들은 또다시 두
부류로 나뉜다. 한 부류는 요가 동작, 즉 신체 운동만을 목
표로 하고, 나머지 한 부류는 요가에서 다루는 호흡이나 명
상을 좀 더 심도 있게 배우고 싶어 한다. 요가 동작만을 선
호하는 동적인 사람들은 호흡이나 명상을 하면 지루해하고,
호흡이나 명상만을 목표로 하는 정적인 사람들은 요가 동
작을 하면 불편해한다. 두 번의 큰 수술과 항암 치료로 암을
극복한 한 클라이언트는 매일 호흡과 명상을 해왔는데 왜
몸이 건강하지 않은지 모르겠다고 하소연을 했다. 그분에게
는 신체 운동이 필요해 보였지만 본인은 호흡과 명상으로
마음을 다스리면 건강하리라는 믿음이 강했다. 그분께 말씀
드렸다.

"팔 운동만 하시면서 왜 내 다리가 건강하지 않지라고 말
씀하신 것과 똑같습니다. 마음 운동과 몸 운동이 병행되어

야 해요."

내 세션을 통해 만난 다른 분들의 예를 들어 부연 설명을 해드렸더니 이해를 하는 듯했다. 흥미로운 건 요가의 호흡과 명상에만 집중하는 클라이언트를 보면 국적도 다르고, 종교도 다르지만, 신앙심이 강하며 기도 생활을 아주 열심히 하시는 분들이었다는 점이다. 이분들의 공통점은 심장박동 수가 높지 않고 차분한 성격인 반면, 몸이 경직돼 있어서 유연성은 많이 떨어져 있었다는 것이다. 신체 운동을 즐기지 않은 결과다.

호흡과 명상을 선호하는 클라이언트들 중 신체 운동을 꾸준하게 하면서 건강 관리를 잘해온 소수의 분들이 있다. 이들은 신체 운동에서 얻지 못하는 호흡 효과의 중요성을 절실히 느낀 분들이다. 이 그룹의 클라이언트들이 내 세션을 '호흡 요가'라고 명명하는 걸 듣고는 호흡의 중요성을 깨달으신 듯해 흐뭇했던 기억이 있다. 삶의 질을 높이는 데에 중요 요소들을 스스로 체득하여 부족한 부분을 찾아서 채우고, 전체적으로 조화롭고 적절하게 자신의 삶에 적용하는 아주 바람직한 경우이다.

요가 자세만을 목표로 오는 경우는 편히 쉬는 요가 자세를 선호하는 사람과 능동적인 요가 동작을 선호하는 사람으로 나뉜다. 편히 쉬는 요가 자세를 선호하는 이들은 호흡, 명상에 집중하는 이와 경향이 비슷하다. 능동적인 요가 동작을 선호하는 이들은 대부분 다른 운동을 꾸준히 해온 사람들이고 또는 다른 운동을 하다가 몸이 불편해졌거나 다쳐서 오는 경우가 종종 있다. 이런 분들은 호흡과 움직임이 빠르다. 사실 호흡이 빠르기 때문에 동작이 빠르고, 그래서 운동을 하다가 다쳤을 확률도 높다. 빠르게 움직이는 사람들에게 호흡을 천천히 하게 하면 움직임의 속도가 저절로 느려진다. 호흡을 인식하게 하는 것만으로도 움직임의 속도가 차분해지는 경우가 대부분이다. 천천히 호흡을 하다가도 빨라지는 경향 때문에 다소 느린 리듬의 음악을 들려주면 자신도 모르게 호흡을 늦추면서 조심스럽게 움직이는 효과를 보게 된다. 이들은 움직임과 호흡을 천천히 하게 하고 명상을 하게 하면 하품을 하거나 잠들기도 한다. 혹은 잡념이 많아져서 잘 집중하지 못한다. 이때 적절한 음악이 좋은 역할을 한다. 음악의 속도는 느리지만 악기가 연주되고, 가수와 코러스들이 풍성한 소리를 내는 음악을 들려주면 지루해하지 않고 자연스럽게 세션 흐름을 따라온다. 또는 음악의 구성이 다채로우면 도움이 되기도 한다. 변조되거나 현악기 같은 특정 악기의 독주가 삽입되어 있으면, 주의를 환기시키는 효과가 있다.

요가를 목표로 참석하는 사람들은 나를 '요가 선생님'이라고 부르고, 음악심리치료를 목표로 참석하는 사람들은 나를 '음악심리치료사music therapist'라고 부른다. 각기 다른 목표로 참석하지만 나는 같은 목표로 세션을 진행한다. 나의 목표는 몸과 마음 둘 다를 위한 전체적인 휴식, 안정, 치유와 회복이다. 신체가 불편하면 마음이 편치 않듯, 마음이 편하지 않으면 몸도 편치 않다. 몸의 불편한 부분이 치유되면 기분이 좋아지듯, 마음이 기쁘면 몸이 날아갈 것같이 가벼워진다. 몸과 마음은 분리할 수가 없다. 요가를 목표로 참석하는 사람들은 "치유? 힐링이라니요? 운동하러 왔어요"라고 반문할 수 있지만, 몸이 운동과 휴식을 취하듯, 마음도 운동과 휴식이 필요하다. 몸과 마음을 분리한 치유는 없다. 요가 자세를 위해 몸을 유연하게 만드는 과정에서 통증은 대부분의 사람에게 필연적으로 따라오는 요소이다. 통증을 잘 극복하면 몸이 유연해지는 경험을 하며 이를 삶에 확장하여 적용하는 것도 깨달음과 치유의 과정이다. 삶 속에서 아픈 경험

어린아이처럼 울어도 좋아요

을 잘 극복하면 유연하고 친절한 사람이 되어야지, 그렇지 않다면 아픈 경험을 잘 극복하지 못한 것이다. 건강 관리 차원에서 요가를 배우고 싶다고 찾아온 40대 초반의 신체 건강한 클라이언트가 있다. 한쪽 무릎이 많이 약하니 미리 신경 써서 관리를 해야 한다고 했더니, 놀라면서 자신의 두 무릎 상태 차이가 크다는 걸 처음 느끼고 알게 되었다고 했다. 직장생활로 인해 바쁘게 살면서, 통증이 느껴지지 않는 한 아무 문제 없다고 생각하며 살아온 것이다. 일주일 후 다시 만나 대화를 나눌 때, 이 경험이 계기가 되어 자신이 살아왔던 삶 속에서 감지하지 못했던 것들은 무엇인지를 곰곰이 생각하는 지혜로운 모습을 보여주기도 하였다.

개인 세션을 수개월간 함께한 클라이언트가 있다. 이분 또한 바쁜 직장생활을 하면서 여기저기 몸이 편치 않았다. 한번은 불편한 신체 부분을 찬찬히 살피면서 움직이라고 하였더니, 그렇게 하면서 말했다. "삶도 이렇게 찬찬히 살피면서 살아야 하는데……." 그런 상황에서 움직임을 마쳤을 때 쉬는 자세로 바꾸고, 그분의 취향에 맞으면서 상황에 어울리는 음악으로 변경해주면 몸과 마음을 위한 치유와 회복의 순간을 맞이하곤 한다. 이처럼, 적절한 순간에 음악은 몸과 마음을 위한 치유의 연결고리가 되어준다. 요가를 통한 운동을 목표로 참여하는 사람들을 위해서는 음악을 이용해 마음의 휴식과 치유를 함께 추구한다. 마음의 치유만을 목표로 참여하는 개인 클라이언트나 그룹인 경우는 악기를 자유로이 연주하게 하거나 음악에 맞춰 몸을 움직이게 하면서 가벼운 스트레칭, 연주에 대한 느낌, 기분을 표현하도록 유도하면서 긴장을 풀어주면 감정 표출과 정화, 치유의 효과가 높아진다.

음악심리치료에서 만난 30대 중반의 석현은 첫 세션에서는 아무런 반응도 하지 않았다. 세 살 때부터 자폐 증상이 시작되었고 점점 더 심해진 경우이다. 나와 눈조차 마주치지 않던 그가 마음을 열게 된 건 악기로 주의를 끈 후 요가 자세를 활용했을 때였다. 아무런 반응도 없이 한곳만 멍하니 쳐다보다가 바닥에 누워버리던 그의 곁에 기타를 두고 나도 기타 옆에 누웠다. 그러고는 기타 줄을 하나, 둘 튕기기 시작하니 초점 없는 그의 눈이 깨어나는 듯 기타를 보기 시작했다. 자폐증이 있는 사람들이 반짝이는 걸 좋아하는 경향이 있는데 빛을 반사하는 기타 줄이 석현의 시선을 끈 것이다. 그 시선에 맞추어 나는 요가 동작 중 하나인 코

어린아이처럼 울어도 좋아요

브라 자세를 취했다. 기이한 내 행동에 그의 시선이 옮겨 왔고 그도 몸을 조금씩 움직이기 시작했다. 일반인에게는 작은 움직임이지만 경직되어 있는 그에게는 크게 느껴졌을 테고, 그의 몸에 배인 긴장을 풀어주는 데 큰 역할을 했을 것이다. 그로 인해 비로소 그와 나 사이에 언어가 오가지 않아도 눈과 몸짓으로 대화의 통로가 형성되었다. 그 후로는 피아노를 이용하여 그가 좋아하는 숫자들을 함께 사용하면서 좀 더 편안하게 감정 표현을 하고 사람들과 원활하게 소통하도록 돕고자 했다. 결과적으로, 그의 삶의 질을 높일 수 있었다.

여러 해 동안 요가와 음악심리치료를 접목해오면서 내가 추구하는 방향으로 세션이 진행되고 있는지를 판단할 때 가장 중요한 건 무엇보다 클라이언트의 피드백이다. 다행히도 나를 '요가 선생님'이라고 부르는 사람들조차 내 세션을 지속하고 싶은 이유가 생활에서 겪는 스트레스를 해소하고 심신의 안정을 도모하는 데 도움이 되기 때문이라고 한다. 주변 지인을 내 세션에 데려올 때에는 그 사람의 건강 상태가 좋고 나쁨을 떠나서 '마음의 치유'가 먼저 필요해 보여서라고 하는 경우가 늘고 있다. 보람을 느낀다.

마음 건강의 도우미

○

한동안 요가 명상에 빠져 호흡과 명상을 잘 가르친다는 선생님들을 찾아 여기저기 갈 수 있는 곳은 다 기웃거리던 때가 있었다. 당시 가장 마음에 드는 선생님을 선별한 후 강의를 자주 들으러 가곤 했다. 여러모로 다 좋았는데 딱 한 가지 마음에 걸리는 게 있었다. 눈을 감고 명상을 하는데 자꾸 미소를 지으라는 것이다. 사진 찍는 것도 아닌데 왜 자꾸 미소를 지으라고 하지? 참 못마땅했다. 나는 명상에 집중하고 싶은데 자연스러운 미소도 아니고, 억지로 미소를 만들라는 선생님의 요청에 마음이 불편해지고, 되레 명상에 방해가 되어서 매번 무시했다. 그때마다 선생님께서는 자꾸 미소 지으라고 하였다. 어쩌면 절대 선생님 말을 듣지 않던 고집불통인 나 때문이었을 것이다. 그때는 마냥 싫어서 이해하려고도 하지 않았는데 막상 내 세션을 통해서 다양한 참석자의 명상하는 모습을 관찰해보니 뒤늦게 이해하게 되었다.

명상하는 모습을 보면 어린아이, 청소년과 어른의 모습은 천지 차이다. 대략 20대 전후로 달라진다. 어린아이부터

어린아이처럼 울어도 좋아요

20대까지는 신체적으로 한참 활동적인 나이여서 가만히 앉아서 명상하는 걸 지루해하는 경우가 많지만, 막상 명상에 들어가면 표정이 그지없이 고요하고 평화롭다. 대학 입시 준비로 불안함과 스트레스 수위가 높은 수험생, 우울증이 있는 20대 그룹 참가자도 마찬가지다. 명상하는 그들의 모습을 보는 것만으로도 마치 자연을 보며 휴식을 취하는 듯한 느낌을 받는다. 그렇게 평화로울 수가 없다. 하지만, 대략 30대 이후의 참가자부터는 신체적으로 건강해도 명상하는 모습을 보면 아주 심각하거나 고뇌하는 표정이 대부분이다. 몸과 얼굴에 긴장을 풀라고 말하면 나름 눈썹이나 얼굴 근육을 움직여보지만 심각한 표정은 풀어지지 않는다. 어쩌면 삶에서 고뇌하고 스트레스를 받고 걱정하는 일이 많아지면서 그런 표정이 굳어버린 탓이 아닐까 싶었다.

비로소 깨달았다. 그때 명상하는 우리를 보면 왜 그렇게 선생님이 미소를 지으라고 했는지. 당시 나를 포함해서 참석한 사람들 대부분이 바로 이렇게 심각한 표정을 짓고 있었구나, 심각한 표정이 일종의 자연스러운 자세가 된 반면, 미소는 불편한 자세가 되어버렸구나라는 깨달음. 사람마다 잠을 잘 때 저절로 취하는 자세가 있듯 명상할 때에도 평소 가장 많이 짓는 표정이 나오는 게 아닐까? 가령, 엎드려 자는 사람에게 눈 건강에 좋지 않으니 똑바로 누워서 자라고 하면 불편해하듯, 심각한 표정을 주로 짓는 사람들에게 미소 지으라고 하면 불편한 것이었다.

시간이 늘 자연스럽게 흐르는 것처럼 살아가는 것도 그러하면 좋겠지만, 주변을 둘러보면 그저 하루하루 견뎌내는 사람들이 더 많다는 생각이 들 때가 잦다. 20년 전 미국에서 만났던 한국 친구와 아주 오랜만에 연락이 닿았다. 그 시절로 돌아간 듯 반가워라 수다를 떨다 보니 그 친구는 예전이나 지금이나 여전히 성실하고 열심히 살면서 안정되게 지내는 듯했다. "너는 여전히 열심히 살고 있구나"라는 말을 건넸다. 그녀의 대답이 나로 하여금 많은 생각을 하게 했다. "이제는 '열심히' 가 아니고 '잘' 살고 싶다." 그래, 열심히 사는 것과 잘 사는 것이 다를 수 있겠구나 싶었다. 쉽지 않은 세상살이에서 잘 살기 위해 열심히 살아오느라 몸도 마음도 지친 사람이 많을 수 있겠다. 어질러진 집 안, 일터를 정리 정돈하며 청소하듯, 지친 몸과 마음도 정리하며 청소하는 시간이 필요하다. 고요한 가운데에서 깊이 생각해보는 시간이 필요한 것이다. 흔히 이를 명상이라고 한다. 꼭 종교적인

어린아이처럼 울어도 좋아요

수행일 필요는 없다. 조용한 곳에서 자신의 마음과 생각을 깊이 들여다보는 시간은 어쩌면 현대인에게 꼭 필요할지도 모른다.

무념무상으로 호흡하면서 코끝에서 공기를 감지하는 일에 집중하는 것이 명상법이라고 하지만 쉽지 않다. 내 세션의 참가자들도 침묵한 채 눈을 1~2분만 감고 있어도 많은 잡념이 떠올라 어렵다고 호소한다. 어떤 이는 명상 자체가 불가능하다고 호소하기도 한다. 그럴 법하다. 인간은 동시에 여러 가지 생각을 할 수 있고, 하루에 6,000번 이상의 생각 전환이 일어난다고 하니 단 1분의 명상도 쉬운 일은 아니다. 더욱이 청소를 시작하면 먼지가 더 잘 보이듯이 명상도 시작하면 생각이 많아질 수 있다. 그 생각은 사실 집 안에 쌓여 있던 먼지처럼 원래 내 안에 존재했지 새로이 생긴 건 아니다. 보이는 먼지를 쓸어내듯, 잡념이 떠오를 땐 코끝으로 돌아가 호흡에 집중하며 마음 청소를 하는 것이다. 청소를 주기적으로 하면 집의 상태가 잘 보존되듯, 명상도 주기적으로 하면 건강한 마음 관리에 큰 도움이 된다.

명상의 어려움을 호소하는 사람들, 처음 명상을 시작하는 사람들, 눈을 감는 자체나 침묵이 불편한 사람들에게 음악은 큰 도움이 된다. 음악이 흘러나오는 순간 이미 표정이 이완되기 시작하는 사람들이 많다. 음악만으로는 안 되는 이들에게 음악을 들으면서 자신이 좋아하는 것을 떠올려서 구체화하게 하는 방법을 적용하면 자신도 모르게 미소를 짓는다. 이를 수용적 음악심리치료 요법이라고 한다. 쉬운 예로, 장례식장에서 돌아가신 분을 애도하며 눈물 흘리며 슬퍼하다가도 망자에 대한 좋은 추억을 떠올리며 얘기할 때는 미소를 짓는 경우를 들 수 있다. 자연스러운 일이다. 이처럼 행복하고 즐거웠던 생각을 할 때는 어떤 상황에서도 미소를 짓게 된다. 세션 참가자들을 대상으로 이 요법을 적용하면 바로 표정이 밝아지며 미소를 짓곤 한다. 음악을 들으며 개인별로 좋아하는 것들을 떠올리게 하면서 설명을 유도해내면, 아이들과 맛있는 걸 먹고 있는 상황, 꽃잎의 촉감, 춤추는 발 모양, 화분, 바람, 솜이불, 만화 캐릭터, 커다란 연꽃 안에 앉아 있는 자신의 모습, 특정 색깔, 파란 하늘, 여행지의 모습, 아끼는 동물, 찰흙을 만지는 느낌, 사랑하는 사람의 손을 잡은 느낌, 산 정상에 올라 주변을 둘러보는 순간 등 다양하다. 음악을 들으며 자신이 떠올린 것과 그것을 구체화하는 과정, 긍정적인 기분의 변화에 스스로 놀라는 경우도

어린아이처럼 울어도 좋아요

종종 있다.

　명상이 마음을 청소하는 데에 좋다 한들, 이를 어렵다고 호소하는 사람들에게 그것을 강요할 필요는 없다. 그런 이들에게는 수용적 음악심리치료 요법을 적용하여 음악을 들으며 좋아하는 것, 행복하게 해주는 것을 떠올려 집중하며 상상 속에서 좀 더 구체화해보면서 잡념도 쫓고 긍정적 마음 훈련을 하게 하면 마음을 건강하게 돌보는 데에 큰 도움을 줄 수 있다. 참고로, 요가에서 하는 명상이나 음악심리치료에서 적용하는 수용적 음악심리치료 요법은 모두 최상의 효과를 위해 사전에 가벼운 스트레칭으로 몸의 긴장을 풀어주는 걸 권장한다.

# #

어린아이처럼 울어도 좋아요

내면 깊은 곳에 있는 위로의 힘

。

"그냥 편히 누워서, 음악 들으면서 떠오르는 대로 말하면 된다고요? 피곤해서 누우면 잠들 것 같은데요?"

과연 효과가 있을까라는 의구심과 호기심이 가득 담긴 목소리로 눈을 동그랗게 뜨면서 미나가 질문을 했다.

"미나 씨가 음악, 소리, 느낌을 감지하는 데에 아주 예민해요. 제가 보기에는 좋은 효과가 있을 것 같아요. 본인에게 효과가 있을지 없을지는 일단 해보아야 알 수 있는 게 아닐까요? 경험을 통해서 효과가 없다라는 걸 아는 것도 나쁘지 않아요. 자신에 대해 더 많이 알게 되는 거잖아요."

미나는 대화를 하면서도 음악이 흘러나오거나 흐름이 바뀌는 순간에는, 반사적으로 감지하는 표정을 지었고, 나무 탁자에 손을 얹고 앉아 있을 때는 남들이 잘 느끼지 못하는 소리의 진동까지 느낄 정도로 예민해서 음악 볼륨을 조절해주어야 했다. 그녀는 아주 자연스럽게 반응했지만 자신이 얼마나 음악 소리에 민감한지 모르는 듯했다. 사실, 나무 의자에 앉아서 진동을 이용해 음악을 느끼게 하는 건 진동에 아주 예민한 청각장애인들을 위한 음악심리치료 요법이다. 미나의 풍부한 감수성뿐만 아니라 섬세함과 예민함은 시각장애인이나 청각장애인의 수준과 유사해서 '음악 여행'이 그녀에게 효과가 있으리라는 확신이 있었다. 망설이던 미나는 내 말에 맞장구를 치며 해보겠다고 흔쾌히 동의했다. 가벼운 스트레칭으로 몸의 긴장을 푼 후, 푹신한 베개를 베고 편히 눕게 했다. 40분 동안 지속되는 음악 여행을 위해 허리와 다리가 불편하지 않도록 무릎 뒤쪽에 쿠션을 대어주고 가벼운 담요를 덮어주었다. 직장생활에서 반복되는 스트레스로 우울하고 힘들다며 찾아온 그녀는 그날도 많이 피곤해 보였다.

"어, 이거 완전 편해서 잠자기 딱 좋은데요. 잠들면 어떡하죠?"

미나가 금방이라도 꿈나라로 갈 듯한 표정을 지었다.

"잠들어도 괜찮아요. 자, 눈을 감고 편안하게 계세요."

서서히 음악 여행을 시작하기 위한 준비를 했다.

음악심리치료에는 클라이언트가 편안한 상태에서 눈을 감고 음악을 들으면서 자유롭게 떠오르는 영상과 느낌에 관해 치료사와 대화하면서 자신의 내면을 탐구하는 GIMGuided Imagery and Music 요법이 있다. 클라이언트가 떠오르는 이미지, 상황, 느낌을 음악심리치료사에게 설명을 하기도 하고, 치료사가 질문을 하면 대답하기도 하면서 자신의 내면을 깊이 탐구하는 요법이다. 때론 클라이언트가 원하지 않는 이미지가 떠올라 힘들어할 때는 치료사가 안전하게 지속할 수 있도록 가이드 역할을 하거나 명확하지 않은 영상, 상황, 느낌 등을 좀 더 분명하게 감지할 수 있도록 도와주는 역할을 한다. 클라이언트는 마치 낯선 땅에서 가이드를 동행한 여행자와 같다. 이 GIM 요법을 나는 클라이언트들이 쉽게 이해하고 친근한 느낌이 들 수 있도록 '음악 여행'이라고 한다. 이 요법에서 사용되는 클래식 음악 목록이 정해져

어린아이처럼 울어도 좋아요

있지만, 클라이언트에게 맞게 음악 목록을 수정하여 적용하는 경우가 많아지고 있다. 이 음악 여행은 모든 클라이언트에게 적용되는 것은 아니다. 음악에 대한 클라이언트의 반응을 잘 관찰하고 대화를 통해 네 가지 요건이 먼저 충족된다는 판단이 설 때 적용한다. 첫째, 클라이언트가 상징적인 사고를 할 수 있어야 한다. 음악을 들으며 영상을 떠올리지 않는 클라이언트도 종종 있다. 둘째, 클라이언트가 상징적인 생각과 현실을 구분할 수 있어야 한다. 셋째, 음악 여행을 하며 치료사에게 설명할 수 있는 능력이 있어야 한다. 넷째, 음악 여행을 통해 클라이언트가 내적 성장을 할 수 있을 것이라는 판단이 서야 한다.

물속에 들어가기 전에 가벼운 준비 운동을 한 후 서서히 몸을 담그듯, 음악 여행용 곡을 본격적으로 사용하기 전 다른 음악을 도입용으로 준비한다. 서서히 음악과 함께하는 여행에 들어가도록 하기 위해서이다.

준비가 끝난 후, 본격적으로 음악 여행을 위한 곡을 들려주었다. 부드럽지만 악기 소리가 다소 자극적이어서 잠들기에는 조금 불편할 수 있었다. 눈을 감고 있지만 미나의 눈동자가 왔다 갔다 하는 게 보였다. 무언가를 보고 있는 것이었다. 이제 자유 연상을 하듯 클라이언트 머릿속에 펼쳐지는 광경을 두고 대화를 나눌 차례였다.

"지금 뭐가 보이세요? 어디 계세요?"

"바닷가요."

"하루 중 시간은 언제예요?"

"밤이요."

"주변에 보이는 걸 좀 더 자세히 묘사해주실래요?"

눈을 감고 있음에도 미나는 무언가 자세히 보려고 하는 듯 눈썹을 찡그렸다. 분명 상상 속에서 보이는 바닷가의 주변 풍경을 더 자세히 보고 있는 것이었다.

"밤바다를 보고 있어요. 하늘에는 별빛이 가득해요."

황홀한 듯 말하다가 음악이 변화되는 부분에 맞춰서 "엇!" 하고 잠시 멈추더니 다시 말을 이었다.

"갑자기 밤바다에서 비누 거품 같은 것들이 일어나면서 하늘로 올라가요. 그 거품들이 점점 많아지고 커져요. 와!"

음악 들으면서 상상해본 적이 별로 없고, 피곤해서 금방 잠들어버릴 것 같던 미나가 음악 여행에 흠뻑 빠져 머릿속에 떠오르는 영상을 실제로 보고 있는 듯한 표정을 짓고 다소 상기된 목소리로 바로바로 대답했다. 30여 분 동안 지속되는 음악 여행을 통해 미나는 자유자재로 여러 곳을 다니면서 많은 것을 보고 경험하는 듯했다. 묻는 질문에 때론 머뭇거리기도 했다. 가끔은 질문을 하지 않았는데도 상상 속에서 보이는 것을 자세하게 묘사하기도 했다. 이런 과정에서 미나는 표정이 변화되고 손가락을 움직이는가 하면 머리를 약간 흔들기도 했지만 다른 신체 부위는 거의 움직이지 않았다. 음악이 10여 분 정도 남았을 때, 미나는 택시를 타고 긴 다리를 건너고 있다고 했다. 긴 다리를 지난 후 잠시 도로들을 지나서 도착한 커다란 집 안을 자세히 묘사했다. 거실엔 책이 꽂힌 책장이 사방에 있다고 했다. 이 책, 저책 눈에 띄는 대로 꺼내 들춰보다가, 기분이 갑자기 좋아져서 자신이 빨간 드레스를 입고 춤을 추고 있다고 했다. 음악의 변화가 그녀의 기분을 변화시키고 춤추게 한 것이었다. 미나가 좋은 기분을 유지하고 춤을 즐기게끔 대화를 멈추고 기다렸다. 또다시 음악에 변화가 생길 때 물었다.

"지금 어디서 무얼 하세요?"

"문이 열린 방이 있는데 햇빛이 방 안을 길게 비추는 게 보여요. 문은 하얀색이요. 지금 방에 들어왔는데 아무것도 없네요. 거실은 무지 컸는데 이 방은 작네요. 한쪽 벽면은 전부 유리창이에요. 유리창 밖으로 보이는 풍경이 너무 멋져요. 이런 멋진 풍경은 처음 봐요. 와!"

감탄사를 내뱉더니 그곳의 풍경에 흠뻑 취해 있는 듯했다.

"바다 끝이 안 보이고, 바다 색깔이 어쩜 저렇게 예쁘죠? 산, 나무, 저 멀리 바다 중간쯤에 멋진 절벽도 보이고, 하늘도 기가 막히게 예뻐요. 정말 장관이에요."

흥분하며 그녀가 풍경을 묘사했다. 여전히 멋진 풍경에 빠져 즐기는 듯하더니 말했다.

"아, 창문에 두 마리 새가 날아와서 제 앞에 있어요."

그러곤 갑자기 감정에 복받친 듯한 표정을 지으면서 울음을 터트렸다. 터져 나오는 미나의 울음은 슬픔이나 기쁨 등의 감정에서 올라오는 울음이라기보다는 형용할 수 없는 상황에 대한 반응으로 보였다. 마음껏 편히 울도록 기다리는데 마침 음악이 거의 끝나갈 즈음이었다. 안전하게 음악 여행을 마칠 수 있도록 안내한 뒤 대화를 이어나갔다.

미나가 음악 여행에서 본 것들 중 인상적인 것을 대화를 통해 정리하고, 스스로 분석도 하면서 자신을 더 알아가는 시간이었다. 창문에 날아온 두 마리 새를 좀 더 자세히 보려고 찬찬히 들여다보았더니 그 두 마리 새는 사실상 미나와

어린아이처럼 울어도 좋아요

가까웠던 두 사람이었다는 것이다. 이미 두 사람은 세상을 떠났다고 했다. 가끔 떠오르면 그리워하지만 일상에서 늘 생각하는 사람들은 아니라고 했다. 음악 여행에서 가까이 다가가서 보니, 그 두 마리의 새가 그 두 사람이라는 걸 발견한 순간, 너무 놀랍고 형용할 수 없는 감정에 휩싸여 눈물이 왈칵 솟구쳤다고 했다. 미나는 그 강렬했던 순간으로 돌아간 듯, 설명하기 힘든 감정이라고 했다. 분명 그녀의 삶에 영향을 준 사람들이라는 걸 인정하지만, 그토록 깊게 그녀 안에서 살아가고 있음을 몰랐다면서 또다시 울기 시작했다.

수년 후, 다시 만난 미나는 그날의 음악 여행을 언급했다. 그 여행은 참 특별한 경험이었고, 상상 속에서 자신을 바라보는 경험은 자신을 객관화해서 삶을 관찰하는 계기가 되었다고 했다. 음악 여행에서 본 이미지 중에는 자신이 추구하던 삶의 모습도 있던 것 같고 지금 현재 모습과 거의 동일한 면도 있어서 신기하다고 했다. 또한, 당시에는 왜 그 모습이 보였는지 의아했던 점들이 시간이 지난 후 이해되기도 한다고 했다. 특히, 새 두 마리를 다시 언급했다. 음악 여행을 계기로 미나 내면 깊이 늘 그들이 존재한다는 사실을 깨닫게된 후, 힘들 때마다 깊은 곳에 존재하는 그들을 느끼게 되었고 그 자체만으로도 큰 힘과 위안이 된다고 했다. 앞으로도 내면에 존재하는 그들이 도전이 필요하거나 약해질 때마다 힘이 되어주고, 큰 위안이 되어주리라 확신했다. 그녀는 그 음악 여행을 통해 자기 안에 존재하는 치유의 힘을 발견한 것이다.

잃어버린 자아를 발견하는 순간

일본인 아이코는 미국에서 학업을 마치고 직장생활을 하다가 결혼 후 남편 따라 영국으로 이주하여 그곳에서 잠시 살았다. 미국과 영국에서의 생활을 거친 후, 남편이 나고 자란 홍콩으로 완전히 이주해서 전업주부로 산 지 10여 년이 지났다. 아이코는 아이들을 돌보느라 정신없이 바쁘다고 했다. 오케스트라에서 플루트 연주를 했다는 아이코는 음악심리치료에 아주 관심이 많다면서 나의 요가&음악세러피 세션에 참여했다. 심리학을 전공하였고 정신적인 경험에 관심이 많다고 했다. 첫날 세션 룸에 들어온 아이코에게 "이곳은 당신의 세상입니다. 마음껏 원하는 대로 하고 싶은 거 뭐든

어린아이처럼 울어도 좋아요

하세요"라고 말을 건넸다. 대부분의 클라이언트는 바로 말 없이 주변을 살펴보고는 관심 있는 쪽으로 가서 자신이 하고 싶은 대로 하는데, 아이코는 좀 달랐다. 한쪽에 펼쳐진 요가 매트를 보며 말했다.

"요가를 한 적이 있지만, 전 요가에 관심 없어요. 내 몸이 워낙 뻣뻣해서요."

그러곤 여러 가지 악기가 놓인 반대쪽으로 걸어가며 요가를 하고 싶지 않은 이유를 내가 질문하기도 전에 예의 바르게 설명을 했다. 배려심과 섬세함이 엿보이는 모습이었다. 그녀의 지적 탐구성, 예술성과 섬세함은 선택하는 악기와 처음 보는 악기를 연주하는 데서 더욱 드러났다. 타악기보다는 건반 악기에 더욱 관심을 보이는 것도 그녀의 풍부한 표현력을 예측하게 했다. 처음 보는 악기를 하나씩 연주하며 악기 소리에 대해 자신의 느낌을 설명할 때는 감성적이고 섬세한 표현력이 월등하게 두드러졌다.

공명실로폰을 하나하나 조심히 쳐보면서 '솔' 소리에는 마음이 편안해지고, '시' 소리에서는 알려지지 않는 미지의 세계로 무한정 갈 수 있을 것 같다고 했다. '시' 소리에 한참을 머물다가 다시 '솔'을 치며 마음이 편안해지는 소리가 맞다며 첫 느낌이 틀리지 않았다는 듯 고개를 끄덕였다. 파, 미, 레, 도 내림순으로 부드러우면서도 경쾌한 리듬으로 하나하나 치더니 '도'에서 여러 번 연주하며 '이 소리는 자신에게 확신을 주는 소리'라고 했다. 싱잉볼 소리에는 소리 자체보다는 진동과 울림이 서로 다른 역할로 그녀를 보호해주는 느낌이 들어 좋다고 했다. 악기 소리 자체뿐만 아니라 울림, 진동까지 정확하게 분리하면서 느끼고 표현하는 민감함과 섬세함에 나는 전율을 느꼈다. 처음에 세션 룸에 들어올 때 낯설어하며 다소 경직되어 보였지만 어느새 음악과 가족에 대한 얘기, 일과 중 좋아하는 시간에 대한 얘기 등을 무한정으로 이어갔다.

3개월 동안 간간이 이어진 세션에서 그녀와의 대화는 두 가지 주제로 요약됐다. 최우선 주제는 완벽한 엄마와 아내가 되고자 하는 욕구였다. 그녀가 음악을 연주하면서 악기 소리 하나하나에 대한 느낌을 빈틈없이 섬세하게 표현하듯 그냥 완벽한 주부가 아니라 한 치의 오차도 허용되지 않는 백 퍼센트 완벽한 엄마와 아내가 되는 게 그녀의 목표였다. 이는 그녀가 살아가는 이유라고 해도 과언이 아니었다. 두 번째 주제는 가정주부로서의 삶에서 벗어나 오로지 자신만을 위한 휴식이 필요한 것이었다. 꼼꼼하고 철저한 그녀에게 이 두 가지의 목표를 함께 추구하는 건 불가능하기에 두 번째의 목표는 첫 번째의 목표를 위해 희생되는 듯했다. 그래서 결국 나의 세션을 찾아왔다는 생각이 들었다. 나와 함께하는 시간만큼은 그녀가 엄마이자 아내인 아이코는 다 잊어버리고 그냥 '나 자신'인 아이코가 되도록 도와줄 필요가 있었다. 감수성, 섬세함, 정교함, 예술성까지 갖춘 그녀는 이미 자신의 내면에 풍부한 치유와 회복의 자원을 가지고 있었다. 그것만 깨어주면 그녀는 행복할 수 있겠다는 믿음이 생겼다. 그녀에게 좋아하는 것이 무엇인지를 물었더니 '향기'라고 대답했다. 대부분의 사람은 눈에 보이는 것, 형태가 있는 것을 떠올리는데 뚜렷한 형체가 없는 것에 이끌린다는 대답은 역시 아이코다웠다.

그녀가 좋아하는 '향기'를 주제로 음악을 들으며 자유롭게 얘기하다가 물 흐르듯 자연스럽게 음악 여행을 시작할 수 있었다. 그녀는 철저하고 섬세한 성격으로 인해 상상에서조차 보이는 것들을 자세하게 관찰하고 설명하느라 장소 이동이 많지 않았다. 얼마나 구체적인지, 듣는 나로 하여금 마치 영화를 보는 느낌이 들게 할 정도였다. 햇빛의 밝기와 따스함의 정도까지 상세하게 표현하고, 상상 속에서도 꽃 향기를 맡으며 설명했고, 나뭇잎이 바람에 날려 그녀의 얼굴에 부드럽게 떨어지고 있을 때는 자신도 모르게 실제로 얼굴을 만지기도 했다. 그녀의 음악 여행에서 처음 등장하는 사람들은 역시나 아이들과 남편이었다. 사람들이 점점 많아지면서 모르는 타인들도 등장했지만 그녀의 가족을 바라보는 군중에 불과했다. 음악에서 관악기 연주가 흘러나올 때 그녀는 자신이 플루트를 연주하고 있다고 했다. 음악 여행이 깊어지기 시작하면서 나타난 사람들은 그녀의 부모님과 할아버지, 할머니였다. 이미 오래전에 돌아가신 할아버지, 할머니였지만 상상에서는 그녀의 부모님과 함께 그녀의 가족을 지켜보고 있다고 했다. 모두 행복해 보인다고 했다. 음악 여행이 끝나감을 알리는 신호로 소리가 점점 멀어져갈 때 그녀는 하늘이 참 아름답다며 긴 여운이 담긴 말을 했다.

이후 이어지는 대화에서 그녀는 주로 자기가 본 것들을 더 상세하게 묘사했고 아주 흥미로운 경험이었다며 흥분했다. 오케스트라에서 플루트를 연주했던 아이코는 환희에 찬 얼굴로 비록 상상이지만 10년 만에 처음으로 플루트 연주를 했다면서 자신도 놀란 듯 말했다. 실제로 연주한 듯 벅차

어린아이처럼 울어도 좋아요

보였다. 음악 여행에서 경험한 것들 중 강렬하게 남는 것들에 대해서는 앞의 미나의 사례에서 본 것처럼 소화하는 데 시간이 걸린다. 아이코도 감정이 벅차 있는 상태여서 차분하게 소화하기까지 시간이 걸린 듯했다. 그녀는 세션이 끝나고 네 시간 뒤 문자를 보내왔다.

"오늘 오전에 함께한 시간은 정말 너무 좋았습니다. 지난 10년 동안 잊고 살았던 가족과의 긴밀한 유대감과 내 존재의 뿌리를 상기시키고 나를 돌아보는 시간을 갖게 했어요. 지난 10년 동안 잃어버렸던 나를 찾은 것 같아요. 대단히 감사합니다."

대부분의 사람은 몸이 건강할 때는 분주하게 앞만 보며 살다가 건강을 잃게 되거나, 직장을 잃게 되거나, 누군가가 떠나갔을 때 등, 주로 무언가를 잃게 되었을 때 비로소 멈춰서서 자신의 주변과 삶을 돌아본다. 소중한 것인데 잊고 살았던 것들, 주변에서 변한 것들을 떠올리며 아쉬워하고 그리워하다가 결국에는 자기 자신의 소중한 모습마저 잃고 살았다는 걸 깨달으며 마음 아파하곤 한다. 바쁘게 돌아가는 쳇바퀴 안에서 달리는 다람쥐는 멈추기가 어렵다. 쳇바퀴가 멈추든지, 쳇바퀴에서 벗어나야 멈출 수가 있다. 앞만 보며 어제도, 오늘도 바쁘게 사는 사람들에게 조심스레 권하고 싶다. 아이코처럼 자신만의 공간을 찾아서 잠시만 멈춰 서면 어떨까? 잃어버린지도 몰랐던 나 자신의 소중한 모습을 만나게 될 것이다. 잃어버린 걸 되찾는 일은 늘 기쁘다.

이별 후 나를 위로하는 시간

o

은이는 아이들을 다 키우고 나서 하고 싶던 공부를 시작했다고 했다. 나를 만났을 때, 성실한 그녀는 꾸준하게 공부를 지속하여 박사 과정을 밟고 있었다. 공부를 하는 와중에도 등산, 요가, 필라테스로 자기 관리를 소홀히 하지 않았을 뿐만 아니라, 늘 단아한 모습과 차분한 말씨, 겸손한 태도는 보는 이로 하여금 배울 점이 많은 사람이라고 느끼게 했다. 은이는 음악심리치료가 필요해서 나를 찾아온 건 아니고 요가를 배우러 왔다. 여러 달 요가를 하면서 통증을 인내하는 모습은 참 인상적이었고 외향적인 성격은 아니라는 게 느껴졌다. 음악 리듬에 자연스레 맞춰 움직이는 요가 동작과 호흡의 패턴을 보면 분명 음악에 민감했다. 대화를 나누다가 좋아하는 게 무엇인지 물었더니 즉시 음악이라고 대답했다. 음악을 들으면서 무엇이든지 상상의 나래를 펼치며 하고 싶은 걸 다 할 수 있어서 좋다는 것이다. 그 말을 듣는 순간, 음악심리치료 요법 중 음악 여행을 경험하게 해주고 싶었다. 마침 그녀도 상담 관련 공부를 하고 있었기에 서로에게 좋은 경험이 되리라는 생각에서 제안했더니 기꺼이 동의하였다. 헤비메탈에서 클래식까지 음악이라면 가리지 않고 좋아하는 그녀의 취향 덕분에 큰 고민 없이 음악을 선택할 수 있었다. 물론, 그녀가 처음 접해보는 거라서 편안하게 시작하고 안전하게 끝낼 수 있도록 음악 여행 전후를 신중히 계획했다.

본격적인 음악 여행이 시작되었다. 어디서 무얼 하고 있는지 묻자 그녀는 책상에서 성경책을 읽고 있는데 내용이 난해하다고 했다. 기독교 신자인 그녀의 신앙심과 박사 공부를 하고 있는 학구적인 성향이 엿보였다. 두 번째 음악으로 바뀌자 그녀는 남편과 등산을 하면서 주변을 둘러보고 있다고 했다. 주변에는 사람이 없고 날씨가 너무 좋다고 말하며 미소를 지었다. 세 번째 음악에서는 거실에서 창 밖의 태양이 떠오르는 게 보인다고 했다. 조금 있으면 태양을 바로 쳐다보지 못할 정도로 눈이 부실 거라면서 부연 설명을 하였다. 수영하는 사람들도 보인다고 했을 때 질문을 던졌다.

"바닷가 가까운 곳에 계신가요?"

은이는 대답하지 않고 묵묵히 있다가 네 번째 음악으로 바뀌었을 때 "밭에 앉아 있어요"라고 천천히, 조용하게 대답하였다. 누군가와 함께 있는지 묻자 말끝을 흐리며 "아버지요……"라고 말했다. 그러곤 울먹이기 시작했다. 입술을 꽉 다문 채 몸을 들썩이며 속울음을 터뜨리던 그녀의 눈에서 눈물이 흐르기 시작했다. 마치 오랜 시간 그녀 안에 머물며 정체되었던 눈물이 비로소 흘러나오는 듯했다. 그녀가 실컷 울 수 있도록 질문을 멈추고 기다렸다. 음악이 거의 끝나갈 때까지 눈물은 멈추지 않았다. 1분 후 음악이 멈추면 음악 여행도 끝나게 될 것이라는 말에 그녀는 소리 내어 엉엉 울었다. 안전하게 여행을 마무리할 수 있도록 음악을 바꾸고, 그녀가 좋아하는 부드러운 이불 속으로 들어가는 상상을 하도록 이끄니 울음이 서서히 잦아들기 시작했다. 그때 필요한 것이 있는지 묻자 눈을 감은 채로 말했다. "이불 속에 더 있어야 할 것 같아요. 작년에 아버지가 돌아가셨어요. 상상 속에서 아버지를 만나 아버지의 거친 손을 만지면서 함께 있었는데 더 있어야 할 것 같아요. 아직 떠나보내지 못했어요. 더 있어야 할 것 같아요." 그녀의 요청에 음악 여행 전에 진정되는 데 도움이 되도록 사용한 악기 소리와 음악을 다시 들려주었다. 그 소리에 그녀는 진정이 되어가는 듯했고, 울먹임도 잦아들었다.

일주일 후 만난 그녀는, 음악 여행에서 아버지를 만나던 순간을 자주 떠올렸다고 했다. 햇빛 비추는 밭을 바라보며 아버지랑 함께 앉아 있던 모습이었다. 몸이 편찮으신 와중에도 농부였던 아버지는 다음 해 종자를 걱정하셨는데, 다음 해가 되기 전에 돌아가셨다고 했다. 그게 내내 마음에 남아 있었는데 음악 여행 이후로는 그 기억이 떠오르면 더 이상 울지 않게 되었다고 했다. 길을 걷다가, 다른 일을 하다가 갑자기 울컥울컥 솟구치던 울음이 이제는 멈추었다고 했다. 그러나 여전히 아버지를 떠나보내지 못했기에 시간이 좀 더 필요하다고 했다. 석 달 후 만난 그녀는 음악 여행에서 아버지를 만난 그 자리, 햇빛이 따뜻하게 비추던 바로 그 자리에 다녀왔다고 했다. 그곳에 가서 마음을 잘 정리하고 왔다면서 나와 함께한 음악 여행에 대해서 어떤 음악심리치료 요법이었는지 자세히 알고 싶어 했다. 반가웠다. 그런 질문을 하는 건, 그녀가 음악 여행을 계기로 자신에게 남아 있는 감정을 잘 정리하고 치유되었기 때문일 것이다.

은이처럼 심신이 다 건강하더라도 모든 인간은 삶 속에서 피해 갈 수 없는 슬프고 힘든 일을 겪기 마련이고 치유와 회복의 시간이 반드시 필요하다. 특히 부모, 가족, 사랑하는 사람들과의 사별이나 이별은 혼자서 감당하기에는 버거운 고통이다. "내 속엔 내가 너무도 많아"라는 오래전 가요의 노랫말처럼 내면에는 너무도 많은 자아가 있다. 기쁠 때보다는 슬플 때, 행복할 때보다는 괴로울 때 내면에 존재하는 서로 상반된 자아들을 만나곤 한다. 고통스럽거나 슬플 때, 내면에서는 힘들다고 소리치는 자아, 부서지는 자아, 괜찮아질 테니 조금만 견뎌보자고 겨우겨우 자신을 지탱해주는 자아, 남들은 잘 사는데 나는 왜 이럴까 좌절하는 자아, 잘 살아갈 수 있을 거라고 격려하는 자아, 과거의 행복했던 시간을 회상하며 그리워하는 자아, 고통을 야기한 사람에게 분노하는 자아, 그리고 이 많은 자아 사이에서 지쳐가는 자아를 발견할 것이다. 이 많은 자아들이 서로 타협하면서 가장 건강하고 긍정적인 자아에게 수렴돼가는 과정이 회복이고 치유이다. 이 과정에서 필요한 건, 몸의 상처에서 고름을

어린아이처럼 울어도 좋아요

짜내고 아물기를 기다리듯, 힘든 감정을 적절하게 표출해낸 후 자기 자신에게 시간을 주고 치유되기를 기다릴 줄 알아야 한다는 것이다.

우울한 기질을 품고도 행복해지는 순간

。

"아직도 비행기 타고 있는 것 같아."

몇 해 전 겨울에 홍콩을 방문하셨던 엄마가 도착하신 다음 날 아침에 창밖을 내다보시면서 하신 말씀이다. 빛이 침범할 수 없을 만큼 자욱한 안개에 온통 덮어버린 풍경은 습도 높은 홍콩의 전형적인 겨울의 모습이다. 내가 25여 년 전 두 번째로 홍콩을 방문했을 때가 겨울이었다. 그때 머물렀던 친구의 집, 고층 아파트에서 보이는 홍콩의 낮 풍경은 온통 안개뿐이었다. 도착한 날 밤에는 자다가 천장에서 떨어진 물방울에 놀랐고, 젖지 않도록 짱짱하게 방수 처리된 화려한 무늬의 고급 도배지에 두번 놀랐던 기억이 아직도 생생하다. 비가 오지 않는데도 백 퍼센트에 육박하는 습도 높은 겨울날이면 입고 있는 옷마저 축축해지는 걸 느끼게 된다. 사람이 아니고 바닷속 물고기가 된 것 같다며 친구들과 농담을 종종 한다. 이런 날씨 탓에 겨울에도 에어컨이 빵빵하게 돌아가는 홍콩은 실외보다 실내가 더 춥다. 홍콩에 산 세월이 20년을 훌쩍 넘었는데도 불구하고 물을 잔뜩 머금고 있는 공기가 만들어내는 으슬으슬, 추적추적한 겨울날이면, 발바닥에 닿는 따스함이 정수리까지 퍼지는 듯한 한국의 온돌방을 어김없이 갈망하게 된다.

일반적으로 날씨는 인간의 감정에 영향을 끼친다는 말들을 많이 한다. 이를 연구한 자료들을 살펴보면 날씨와 인간의 감정은 상관관계가 있다는 논문도 있고 없다는 논문도 있다. 이는 연구 대상의 표본 집단이 어떻게 구성되었는지가 결과에 큰 영향을 미치기 때문인 듯하다. 내가 경험한 클라이언트들을 보면, 날씨와 감정의 상관관계가 아주 높고, 특히 노인과 여성에게 두드러지게 나타난다. 노인과 여성을 대상으로, 7,000명에 육박하는 참여자들을 분석한 논문이 있다. 이 논문에서는 날씨와 우울 증상에는 유의미한 상관관계가 있다는 분석 결과를 보여주었다. 날씨가 추워지면서 바람의 속도와 상대습도가 높아지면 우울 증상이 높아지는 반면, 기온이 올라가면 그 증상이 나아진다고 했다.

어린아이처럼 울어도 좋아요

20대 초반의 선우를 만난 날도 안개가 자욱하고 으슬으슬한 겨울이었다. 보호자에게 세션에 참여하겠다는 연락을 받은 건 무더운 여름이었지만 겨울이 돼서야 다시 연락이 왔다. 우울증을 앓는 친구나 가족을 보내고 싶다면서 종종 연락을 해오지만 실제로 만나는 경우는 20퍼센트 정도다. 대부분 보호자가 데려오고, 클라이언트 스스로, 홀로 나를 찾아오는 경우는 아주 드물다. 설득하다가 포기했다는 보호자들 연락을 받을 때가 훨씬 더 많다. 공무원으로 평생을 성실하게 일하면서 차근차근 고급 공무원 직까지 올라갔던 친구가 퇴직 후 우울증이 심해져서 내 세션을 소개해주려고 했는데 연락이 끊겨버렸다고 한 지인도 있다. 집 밖으로 나가는 게 싫어서 자기 집에서 세션을 진행하고 싶다고 요청하는 사람은 그나마 우울의 정도가 심하지 않은 경우이다. 우울증 진단을 받았지만 의사가 처방해준 약을 복용하는 게 싫어서 내 세션에 참석한 클라이언트도 집에서 만났다. 우울증을 앓는 분들은 스스로 가둔 생활 반경에서 나오는 순간부터 치유가 시작된다고 봐도 과언이 아니다. 그 시작은 주변 사람들의 관심과 도움의 손길 없이는 어렵다.
　선우도 나를 찾아왔을 때는 보호자와 함께였다. 고등학생

때부터 우울 증세가 있어서 학교에서 소개해준 정신건강의학과 의사를 정기적으로 만나 상담을 받고 있다고 했다. (홍콩 학교에는 학생들의 여러 가지 문제를 해결하고 도움을 주기 위한 사회복지사들이 근무한다. 사회복지사들은 학생과의 상담과 관찰을 통해 정신 건강에 문제가 있다고 판단되면 그 학교에 등록된 심리치료사나 정신건강의학 전문의를 학부모에게 소개하며 치료를 권하기도 한다.) 보호자는 선우가 우울증 약을 지속적으로 복용하고 있으며, 상황이 조금이라도 더 나아진다면 뭐든 해보고 싶다고 했다.

어렸을 적 선우는 피아노를 꾸준히 배우며 좋아했고, 등산도 좋아했다고 했다. 고등학생이 되면서 말수가 급격히 줄고, 좋아하던 것에 흥미를 잃더니 다른 아이가 되어버렸다고 했다. 잃어버린 아이를 찾는 부모처럼 절절한 바람을 담은 보호자의 초조해하는 눈빛과, 희망을 잃어버린 듯한 선우의 힘없는 눈빛의 대비는 그날의 짙은 안개를 많이 닮아 있었다.

첫 세션에서 다양한 악기를 늘어놓고 원하는 악기를 자유롭게 고르게 하였는데 선우는 아주 소극적이었다. 선우가 원하는 악기를 선택한 후, 새로운 악기를 보여주자 주의 깊게 보긴 하지만 선택을 번복하지 않았다. 귀찮아서라기보다는 자기 결정을 쉬이 바꾸지 않는 고집이 엿보였다. 그게 내게는 희망적으로 다가왔다. 뭐든 귀찮아하는 사람보다는 고집스러운 면이 있는 사람이 어떤 일에 흥미를 느끼면 훨씬 긍정적으로 변화하기 때문이다.

우울증으로 고생하는 클라이언트들에게서 보이는 공통점 가운데 하나는 악기를 선택하는 기준에서 발견된다. 보통 악기 연주나 소리 자체보다는 손에 들었을 때의 느낌이 좋은 악기를 선택하곤 한다. 선우도 예외는 아니었다. 악기 이름도 모르고 어떻게 연주하는지도 모르는 악기를 골랐다. 연주 방법에 관심도 없어 보였다. 두 손으로 악기를 꼭 감싸고 있는 선우의 모습에서 악기를 들고 있는 느낌이 좋아서 선택했다는 걸 짐작할 수 있었다. 세션을 통해서 선우에게 무엇보다도 편안함과 안정감을 느끼게 해주는 게 최우선 과제라는 생각이 들었던 지점이다. 선우에게 그 악기를 선택한 이유를 물었더니 작은 목소리로 말끝을 흐리며 "그냥……"이라고 말했다. 왜 그런 걸 묻느냐는 듯한 무미건조한 뉘앙스였다.

선우처럼 응답하는 클라이언트들에게는 "왜?"라는 질문

을 최대한 피해야 좋은 경우가 많았다. "왜?"라는 질문 자체가 스트레스가 되기 때문이다. 선우 또래의 클라이언트들은 학교에서도 가정에서도 "왜?"라는 질문을 수없이 들었을 가능성이 높다. 대답을 해도 다시 돌아오는 건 종종 또 "왜?" 이기 때문에 아예 처음부터 차단하는 경우도 있고, "왜?"라는 단어 한 마디만 들어도 화를 버럭 내기도 한다. 내가 만난 홍콩의 사회복지사나 상담사는 클라이언트의 내면을 언어로 구체화하면서 표현하도록 유도하기 위해 응답에 이어지는 질문을 하면서, "왜?"라는 단어를 꽤 많이 썼다. 그러한 대화 기술은 클라이언트의 정신 건강을 위한 아주 중요한 요소다. 스스로 자신의 상태를 잘 이해할 수 있도록 돕기 위해 그 기술을 최대한 활용해야 한다. 음악심리치료사들과 만나 회의를 하면서 분석을 할 때도 끊임없이 꼬리를 무는 질문들이 이어지고 왜라는 단어를 상당히 많이 쓴다. 깊고 명료한 분석을 끌어내야 하는 필수 과정이기도 하다. 그럼에도 불구하고, 이성보다는 느낌이나 직관이 작용하는 상황처럼 설명하기 난해한 것들에 대해서까지 왜라는 질문이 이어지면 나도 '그만!'이라고 말하고 싶을 때가 있다. 나 역시, 세션 중에는 클라이언트를 관찰하면서, 그리고 세션이 끝난

어린아이처럼 울어도 좋아요

후에도 끊임없이 왜라는 질문을 되새김질하며 분석하는 걸 마다하지 않는 편이지만 누군가에게 왜라는 질문을 끊임없이 받는 건 반갑지 않다. 자문하는 '왜'와 질문받는 '왜'는 다르기 때문이다. 하물며 10~20대의 내향적이고 내성적인 클라이언트들은 오죽하겠는가.

이 왜라는 질문에 보이는 반응은 클라이언트의 연령대별로 조금씩 달랐다. 40~50대의 중년 클라이언트에게는 왜라는 질문으로 말할 기회를 많이 제공하는 방법이 효과적인 반면, 10~20대 클라이언트에게는 되레 불편함을 초래하는 경우가 있다. 그들은 질풍노도 시기를 겪고 있기도 하고, 부모의 품에서 세상을 향해 이제 막 나아가는 과정에 있다. 새로운 사람, 새로운 느낌, 새로운 경험으로 혼돈의 시기에 있을 가능성이 높다. 자연히 그들의 우울함은 불투명한 미래에 대한 불안함, 두려움에서 비롯되는 경우가 많다. 혼돈 속에서 스스로도 자신이 어떤 상태인지 표현하기 힘든데 주변에서 도와준답시고 돌진하듯 대화를 시도하고, 될 때까지 이를 반복하면 되레 그들로 하여금 대화의 통로를 더 굳게 닫아버리게 하는 역효과를 낳는다. 그들 스스로가 자신에게 "왜?"라는 질문을 던질 수 있도록, 자신과 상황을 먼저 파악할 시간을 주고, 표현할 수 있는 환경을 만들어주어야 한다. 소용돌이 치는 물에서 어렴풋이 보이는 물건이 무엇이고, 왜 거기에 떨어졌는지를 확인하기 위해서는 먼저 소용돌이가 멈추고 그 물건이 가라앉을 때까지 잠시 기다려줘야 하지 않을까.

선우의 음악 취향은 사전에 보호자를 통해 알고 있던 터라 미리 준비했고, 취향과 다른 음악도 선우의 반응을 관찰하기 위해 준비했다. 자신이 좋아하는 음악을 들으면서 휴식을 취하는 클라이언트가 있는가 하면, 심장박동이 오히려 빨라지면서 안정상태를 잃는 이도 있다. 본인은 휴식을 취한다고 생각하지만 신체는 다르게 반응하는 경우가 있다. 선우의 몸 상태에 맞도록 편안함을 느끼게 하는 요가 자세를 취하게 한 후, 좋아하는 취향의 음악을 들려주었더니 표정이 눈에 띄게 편안해졌고 심장박동 수치도 안정되었다.

첫 세션에서 클라이언트의 스트레스 정도를 파악하기 위한 지표로 내가 자주 이용하는 자세가 있다. 블록을 이용해서 가볍게 목을 풀어주는 자세인데 스트레스가 많을수록 이 자세에서 통증을 느껴서 목을 겨우 움직이는 이가 있는 반면, 통증을 전혀 느끼지 않고 자유로이 좌우로 목을 돌리다

어린아이처럼 울어도 좋아요

가 잠드는 이도 있다. 특히 수험생 그룹에서 이 자세를 하면, 통증을 느끼는 학생이 두드러지게 많은데 선우도 그랬다. 생각이 많고 예민하고 스트레스를 많이 받는 듯 했다.

이 자세에서 흥미로운 건 통증을 느끼지 못하는 클라이언트는 통증을 느끼는 사람들이 있다는 걸 이해하지 못하고, 통증을 느끼는 사람들은 통증을 전혀 느끼지 못하는 사람들이 있다는 걸 이해하지 못한다. 같은 수험생 그룹에서 극과 극의 반응을 보이는 것이다. 대부분의 클라이언트들이 감정에 대해서는 예민한데 신체에 대해서는 통증을 느끼기 전엔 결코 예민하지 못하다. 한쪽 어깨가 좀 약하다든지, 몸의 좌우 균형이 잘 맞지 않는다든지, 스트레칭할 때 한쪽 다리가 약간 떨린다든지, 걸을 때 한쪽 엄지발가락 끝을 올리고 걷는다든지, 선 자세에서 복부를 유난히 앞으로 밀면서 서 있는다든지, 어깨에 잔뜩 긴장이 들어가 있다든지, 이런 신체 자세나 상황을 언급할 때까지, 혹은 자세를 교정하면서 통증을 느낄 때까지 잘 모르는 사람이 많다. 자기의 신체, 평상시의 자세를 잘 아는 것도 자신감을 확립하는 데 중요한 요소다. 우울증을 앓는 대부분의 사람은 신체 운동을 꺼려해서 더더욱 자신의 신체 상태를 잘 모르는 경우가 많다. 우울증 클라이언트들을 보면서, 어쩌면 우울의 증상은 슬픔, 불안함, 두려움, 상실감 등의 감정에만 과도하게 집중한 나머지 신체 상태를 간과하고, 그로 인해 커지는 심신의 부조화가 이 증세를 더욱 악화시킨다는 생각이 들 때가 많다. 그래서 나는 더더욱 우울증으로 찾아온 클라이언트에게 신체 움직임을 권장하고, 감정에 과도하게 집중된 생각을 신체로 분산하도록 유도한다. 생각이 복잡하거나 감정에 많이 치우쳐 있을 때는 잠시 그 상태에서 벗어나 다른 일을 하거나 신체운동을 해야지, 생각으로 생각을 정리하기는 어렵다. 신체운동이 항우울제가 뇌에 작용하는 효과와 동일한 여러 효과를 발휘한다는 것, 즉 신체 운동이 우울증을 예방하거나 우울증 염려증 환자에게 도움이 되며, 불안 등의 감정 조절에도 효과가 있다는 연구 결과는 쉬이 찾아볼 수 있다. 우울증 환자 증가 원인 중, 인터넷과 핸드폰 사용 급증이 야외 운동을 감소시켰기 때문이라는 연구 결과를 보더라도 신체 운동이 정신 건강에 미치는 중요성은 아무리 강조해도 지나치지 않다.

선우에게는 직접적인 대화를 시도하거나 악기를 이용한다기보다는 취향에 맞는 음악과 정적인 요가 자세를 이용하

어린아이처럼 울어도 좋아요

여 편안함과 안정감을 느낄 수 있게 해주는 게 첫째 과제였다. 둘째 과제는 악기, 음악, 요가 자세를 이용해서 선우가 편안하지 않은 상황과 편안한 상황을 번갈아 가며 경험하게 함으로써, 스스로가 편안하고 안정적이 되는 상태를 인지하고 구축하도록 도움을 주는 것이었다. 셋째 과제는 서서히 신뢰 관계를 형성하고 대화의 계기를 만들어보는 것이었다. 여러 가지 기본적인 요가 자세들을 통해 선우의 신체 상태를 파악한 후, 자세에 따라 느낄 법한 것을 내가 먼저 말하면서 유대감을 이끌어내고 공감을 표현하면서 서서히 신뢰 관계를 구축했다. 선우의 신체에 유익하면서, 통증을 느끼게 하는 요가 자세를 취하도록 할 때는, 신체 부위와 통증에 대한 느낌을 좀 더 자세하게 표현하도록 유도했다. 그러자 자연스럽게 대화가 시작됐다.

통증을 느끼는 신체 부위를 질문하면 누구든지 자연스럽게 대답한다. 마음의 통증을 표현하기까지는 그 과정이 쉽지 않고 시간이 참 많이 걸리는 사람이 많은 반면, 신체의 불편함이나 통증에 대한 느낌은 모두 즉각적으로 잘 대답한다. 이런 방법으로 일단 대화의 물꼬를 튼 후, 화제를 조금씩 확장해나갔다. 세션 시간 후, 문자로 세션에 대한 피드백을 보내는 것도 대화의 확장법으로 활용하였다. 회신이라야 느낌이나 생각을 간단하게 담은 이모티콘 정도였지만, 그것만으로도 큰 성과였다.

　신뢰 관계가 구축되고 대화가 시작된 후, 적절한 시점에 음악을 이용하여 음악에 대한 느낌이 대화의 주제가 되도록 하였다. 음악에 대한 느낌이 대화 주제가 되는 순간부터는 감정과 내면의 표현이 시작되었다. 처음에는 듣고 있는 음악이 좋은지에 네, 아니요 식의 단답형 대화를 나누다가 느낌, 기억나는 것, 연상되거나 상상되는 것 등으로 화제가 확장되었다. 대화 소재는 점점 늘어나 일상 얘기도 조금씩 나누게 되었다. 음악을 통해 자연에 대한 느낌을 자주 언급하는 데에서 등산을 즐겼다는 보호자의 말이 떠올라 주변 공원이나 등산로의 모습이 궁금하다고 했다. 생경한 요가 자세와 새로운 음악 세계가 선우에게 어떤 느낌을 주었는지까지 대화 범위가 넓어졌다. 이를 통해 선우는 내가 생각했던 것보다 더 섬세하고 예민하다는 것을 알 수 있었다. 새로움에 대한 대화에서 선우는 예측할 수 없는 미래에 불안을 많이 느끼고, 자신의 생각과는 많이 다른 세상에 불만을 품고 있는 듯도 했다. 가끔은 조심스럽게 음악과 요가 자세로 불편함을 느끼도록 자극하면서 선우가 불편함에 적응하고 조절하는 법을 스스로 터득하게끔 시도하기도 했다. 물론, 이 과정에서 선우의 반응, 표정, 호흡을 주의 깊게 관찰해야 했다. 시간이 지남에 따라 새로운 음악이 익숙해지듯, 기이한 요가 자세가 몸에 익숙해지듯, 인생에서 경험해보지 못한 일, 어려워 보이는 일들도 일단 시도하고 반복하면 자신이 조절할 수 있는 일상처럼 된다는 걸 스스로 깨닫는 듯했다. 이런 과정을 통해 선우는 말수도 늘고 때론 농담까지 하면서 웃기도 했다. 보호자를 통해 전해 듣는 일상에서의 모습도 긍정적으로 변화됐다. 방에만 있어서 얼굴 보기 힘든 아이였는데 표정이 밝아지고, 말수도 늘고, 주말에는 가끔 산책도 나간다고 했다. 정기적으로 정신 건강의학 전문의와 만나며 나아진 면도 있으나, 어느 시점부터 정체기가 온 것 아닌가 염려스러웠는데, 음악과 요가를 통한 세러피를 통해 긍정적으로 변화돼 기쁘다고 했다. 나 역시 기쁘기 그지없었다.

정신 건강 문제에서는 대부분 정확한 원인을 찾기 어렵다. 우울증도 정확한 원인을 알 수 없고, 유전적, 신체적, 환경적, 심리적, 기질적 요소들의 복합적인 문제에서 발생한다고 알려져 있다. 또한 불안 증세는 우울증과 높은 연관성이 있다. 세계보건기구에서 우울증은 일상생활에서 느끼는 기분이나 감정 변화와는 달리, 가족 관계, 사회 관계를 포함한 삶의 모든 면에 영향을 미치는 것이라고 정의하고 있다. 내가 만난 우울증 클라이언트들의 보호자를 통해서 종종 듣는 이야기 중 하나가 클라이언트가 우울증을 겪으면서 완전히 다른 사람처럼 변해버렸다는 것이다. 이는, 인간관계를 비롯한 삶의 전반에 미치는 우울증의 특징에서 비롯된 것인데, 보호자 입장에서는 다른 사람처럼 느껴지는 것이다.

선우의 보호자도 처음 만났을 때, 너무 많이 변해버린 선우를 보는 게 안타깝고 대체 무엇이 원인인지 뭘 더 해야 하는지 답답하다고 했다. 부족할 것 전혀 없고 화목해 보이는 집안에서 태어난 선우의 경우는 환경적 요인보다는 자극에 아주 민감하고 지극히 내성적인 성격에서 비롯된 기질적 요인이 크다고 판단되었다. 민감한 사람은 그렇지 않은 사람에 비해 우울증, 불안증에 걸릴 확률이 높다는 연구 결과가 있다. 또한, 극도로 민감한 사람이 어린 시절에 부모의 보살핌을 많이 받지 못했다면 이 역시 우울증의 원인 중 하나가 되지만, 일반적으로 이런 경우는 드물다고 한다. 부모의 관

어린아이처럼 울어도 좋아요

심과 사랑을 많이 받고 자란 선우도 이 연구 결과의 좋은 예다. 민감한 사람은 같은 자극에도 보통 사람보다 더 강하게 반응하며, 보통 사람이 그냥 지나치는 것이나, 잘 느끼지 못하는 미묘한 차이도 감지하면서 반응하는데 이는 유전적 경향성, 즉 기질적 요인이 크다고 알려져 있다. 기질적으로 예민한 사람은 앞으로의 변화를 예측하고, 계획을 세우며 사전 준비를 해도 우울증에 걸릴 수 있다. 이미 예측하고 계획된 일일지라도 직접 변화를 겪으며 경험하게 되는 새로운 관계, 자극에 민감하게 반응하면서 불안, 두려움, 걱정 등의 감정이 야기되는 것이다. 상황이 나아지지 않거나 계획한 대로 일이 진행되지 않으면 그 증세가 깊어지면서 좋아하던 일에도 흥미를 잃고, 삶의 희망과 의욕까지 잃으면서 우울증으로 악화되는 것이다. 고등학교 때부터 시작되었다는 선우의 우울증도 어쩌면 부모의 품을 벗어나 독립적으로 나아가야 하는 불확실한 미래에 대한 불안과 걱정, 사회생활의 첫 관문처럼 여겨지는 대학 입시 경쟁에서 받는 스트레스에서 비롯되었을 것이다. 기질적으로 예민하고 내성적인 선우는 또래 아이들이 받는 스트레스를 더욱 크게 느끼고, 혼자 힘으론 극복하기 힘든 상황에 처하며 우울증을 겪게 되었으리라 짐작됐다.

선우가 나와 함께한 시간은 8개월 남짓이었다. 첫 2개월은 선우의 감정 폭이 컸고 세션 시간에 나타나지 않아 보호자에게 연락을 해야 하는 경우가 여러 번 있었다. 대화를 시도하기 시작했을 때는 "모른다"라는 말 한마디로 대답하기 일쑤였고, 아예 대답하지 않기도 했다. 선우의 침묵도 내게는 의미 있는 반응이었다. 선우와의 세션들을 반추해보면, 침묵을 존중하며 기다린 것, 그 기다림의 시간에 말을 건네는 대신 음악으로 선우의 마음을 어루만져준 것이 결국 긍정적인 영향을 미친 듯하다. 3개월이 넘어가면서부터 선우는 꾸준히 세션에 참석했다. 5개월쯤 되었을 때였다. 선우가 요가 자세를 하다가 음악이 흘러나오는 순간, 갑자기 좌우로 움직이던 머리 동작을 멈춰서 깊은 생각에 잠긴 듯했다. 선우는 자신이 하던 동작을 멈췄는지도 모르는 듯했다. 클라이언트들이 가끔 생각에 잠기는 순간 '어디에 있냐', '무슨 생각을 하냐'고 물어보기도 하는데, 그 순간의 선우에게는 질문이 필요 없었다. 음악이 끝날 때까지 선우는 마치 깊은 명상을 하는 듯한 표정을 짓고 있었는데 아주 인상적인 순간이었다. 선우와 꾸준히 호흡과 명상의 시간도 가지며 관찰해왔기에, 그 순간의 표정이 특별했음을 확신할 수 있었다. 어쩌면 선우 내면에 일던 큰 소용돌이가 비로소 잔잔해진 순간이었을지도 모르겠다. 그 후부터 선우의 우울 증세가 눈에 띄게 완화되었기 때문이다.

우울증에서 회복되었다가도 면역이 떨어지면 또다시 걸리는 감기처럼, 살다 보면 같은 증세가 다시금 자신을 엄습해오는 순간이 있을 것이다. 기질적인 원인이 컸던 선우에게는 그런 순간이 다시 올 확률이 여느 사람보다는 높다. 그런 날이 오면, 함께했던 세션에서 자신이 편안함을 느꼈던 자세들을 취하고, 깊은 침묵 속에 스며들어 불안하고 우울한 마음을 달래주었던 음악을 찾아 듣기를 바란다. 그 음악들을 통해 선우 내면에 잠재하는 치유와 회복의 힘을 다시 만나며 어려운 순간들을 잘 대처하며 살아가길 바란다.

웃음이 울음보다 더 아프게 들릴 때

o

수년 전 음악심리치료 임상 실습을 위해 정신 병동에 처음 도착한 날은 내 기억 속에 사진처럼 선명하게 남아 있다.

그날의 아침 공기, 적당히 더운 날씨, 그 병동을 찾아가며 걷던 길, 도착 후 마주한 얼핏 평범한 아파트 단지처럼 보이는 입구와 울타리, 정문에서 출입 등록 후 다소 떨어진 중앙 병동 로비를 향해 걸어갈 때 옆을 스치던 검정색 자가용, 시원하게 확 트인 중앙 병동의 로비, 소독 냄새, 로비의 한적한 사람들, 매점의 위치…… 매 순간 내 감각기관이 감지하는 모든 것이 특별했다. 매점 안에서 물건을 정리하며 일하는 사람들의 움직임이 심상치 않아 자세히 보았다. 덕분에 그들도 장애인이라는 걸 알게 되었다. 그곳은 장애인을 수용하고 보호하는 역할뿐만 아니라 사회생활을 할 수 있도록 지원하는 곳이었다. 로비 벽에 걸린 장애인들의 그림과 글, 병동으로 들어가는 유난히 하얀 문이 선명하게 떠오른다. 끝이 보이지 않는 거대한 울타리 안에 여러 병동이 있고, 내외에 매점들이 있으며, 집에서 출퇴근하듯 아침에 와서 저녁에 집으로 돌아가는 지적 장애인들, 아예 그곳에서 사는 중증 지적 장애인들까지 많은 장애인이 거주하는 거대한 병동이다. 그곳 매점에서는 단순 노동이 가능한 지적 장애인들이 열심히 일하고 있다. 언덕에 위치한 실외 매점에 앉아 있을 때는 멀지 않은 곳에서 중증의 정신장애를 앓는 이들

어린아이처럼 울어도 좋아요

이 운동 삼아 단체로 산책하는 모습을 볼 수 있었다. 그들은 걸으면서 해괴한 소리를 지르기도 하고, 심지어는 두 손 두 발을 땅에 대고 짐승처럼 걷기도 했다. 그 외 병동에서 일하는 직원, 사회봉사자, 장애인 들의 보호자들도 있었다. 세상에 존재하는 모든 인간의 유형이 모여 있는 듯한 장소라서 삶에 대해, 인간에 대해 많은 생각을 하게 하는 곳이었다.

음악심리치료를 하러 처음 방문하는 곳에 가는 날은 늘 일찍 도착해서 주변을 둘러본 후, 건물 내부로 들어가서 여기저기 샅샅이 둘러보는 습관이 있다. 자동으로 잠기는 문이 많고 허락 없이 들어갈 수 없는 제한 구역들은 호기심이 많은 나를 더욱 자극한다. 그쪽 방향으로 움직이는 사람들의 동선에 집중하면서 순간 포착 수준으로 슬쩍 엿볼 수만 있는데도 그 기회를 놓치지 않으려고 한다. 이 정신 병동에 처음 도착한 날도 예외는 아니었다. 일찍 도착해서 주변과 내부를 둘러봐도 약속 시간까지 충분히 여유가 있었다. 중앙 로비에 자리를 잡고 앉아 내가 들어왔던 입구를 보는데, 병원 차량이 수시로 오갔다. 병동을 떠나는 차 안에는 사람들이 보이지 않았다. 봉고차 크기의 차가 도착할 때마다 사람들이 내렸고, 그들 중의 대부분은 대기해 있던 사람들과 다른 건물로 걸어가고 소수의 사람들은 드문드문 내가 앉아 있는 로비로 들어오곤 했다.

로비 입구로 처음 들어오는 사람을 보니 웃음 띤 얼굴로 혼자 중얼거리고 있었다. 전화 통화를 하는 줄 알았는데 가만히 보니 아니었다. 그는 사라질 때까지 마치 누군가와 함께 재미있는 코미디 프로를 보듯 키득키득 웃으며 줄곧 중얼거렸다. 잠시 후, 두 번째 들어오는 사람은 누군가를 나무라는 듯이 손가락으로 어딘가를 향해 삿대질을 하며 버럭버럭 화를 냈다. 첫 번째 사람도, 두 번째 사람도 정신장애인이라는 걸 그제서야 깨달았다. 세 번째 들어오는 사람은 어깨를 움츠리고 훌쩍훌쩍 울고 있었다. 4~5분 차이로 차량에서 내려서 로비로 들어오는 사람들이 서로 다른 감정을 강하게 표현하는데, 순간 그 입구가 마치 연극 무대인 듯한 착각이 들 정도였다. 배우들이라고 생각을 하니 그들이 보통 사람처럼 보였다. 평범한 누군가가 이어폰을 끼고 전화 통화를 하면서 웃으면서 걷고 있었다면 첫 번째 사람처럼 보였을 것이다. 저 입구에서 누군가와 싸우고 있다면 두 번째 사람, 가족이 많이 아프다는 소식을 듣고 병원에 도착했다면 세 번째 사람처럼 보였을 것이다. 이처럼, 정신장애인이

어린아이처럼 울어도 좋아요

건 아니건 감정적인 상태에 빠져 있을 때는 구별할 수 없겠다는 생각이 들었다.

치유는 인간의 이성보다는 감정과 더 밀접한 관계가 있다. 감정만 넘칠 때는 있어도 이성만 넘칠 때는 없다. 이성은 넘쳐 보이는 거지 실제로 이성만 넘치는 경우는 없을 것이다. 정신장애를 앓고 있는 사람들인 경우에는 어떤 감정 상태에 있는지 바로 알아차릴 수 있다. 그들은 감정을 솔직하게 있는 그대로 곧장 표현하기 때문이다. 그러나 평범한 사람의 감정 상태는 이성의 작용으로 인해 인지하기가 쉽지 않을 때가 있다. 이런 면에서 음악심리치료를 진행할 때 지적 장애나 정신장애가 있는 사람들과의 진행이 더 수월한 경우가 종종 있다. 정신적 장애가 없는 평범한 사람들과는 감정 위에 덧씌워진 이성을 걷어내기까지 시간이 걸리는 경우가 대부분이다. 그리고, 이성을 걷어내는 순간에 두드러지게 나타나는 감정의 표현은 '울음'이다.

내가 만난 클라이언트들 중, 병을 오랫동안 앓고 있거나 장애 가족을 돌보는 보호자인 경우와 가족 특히 배우자와 사별한 경우가 그러하였다. 아픈 가족이나 장애 가족을 오랫동안 돌보는 보호자인 경우는 적극적이고 활발하며 밝은 성격을 갖고 있는 분들이었다. 보호자로서 건강해야지 아픈 가족을 잘 돌볼 수 있다는 사명감과 의무감으로 자신의 건강 관리도 잘하는 편이다. 대화도 주변 얘기나 즐거운 일들에 대한 얘기로 시작되는데 대화가 깊어지면 자신의 힘듦을 토로하기보다는 아픈 가족에 대한 깊은 염려로 울음을 터트리곤 한다. 남편과 사별한 여인인 경우, 울음을 터뜨리는 순간에는 어린아이처럼 엉엉 울면서 남편이 떠날 때의 모습과 다시는 만나지 못하는 배우자를 떠올리며 혼자서 되뇌던 말들을 울음과 함께 토해내곤 했다. 잘해주지 못했던 일들을 늘어놓으며 후회의 울음을 토해내기도 하고, 행복했던 소소한 일상을 떠올리며 절절한 그리움의 눈물을 흘리곤 했다. 남편이 떠난 후부터 빈자리를 줄곧 눈물로 채워온 듯, 그 많은 눈물을 쏟아낸다.

클라이언트에 따라서 '울음'으로 표현되기 전에 '웃음'의 과정을 거치는 사람도 있다. 그 웃음은 때론 냉소적이기도 하고, 때론 초월한 듯도 하고, 때론 속울음을 감추기 위한 웃음이기도 하다. 울음은 비교적 단순한 반면, 울음 전 단계의 웃음은 미묘하고 복잡한 심경을 담는 경우가 있다. 그래서, 웃음이 울음보다 더 아프게 들릴 때가 종종 있다.

어린아이처럼 울어도 좋아요

요가&음악세러피 세션에 참석한 사람들을 관찰해보면 요가를 하며 통증을 느낄 때 웃는 사람들이 있다. 얼굴 표정으로 봤을 때 통증을 느끼고 있는 게 분명한데, 아프다는 표현을 웃음으로 대신한다. 신뢰 관계가 형성되고 깊은 대화를 하게 되면 이들은 삶 속에서 겪는 고통에 대한 반응도 웃음, 바로 그 아픈 웃음으로 먼저 표현하는 공통점이 있다. 세션을 통해 만난 사람들 중에 이 아픈 웃음은 학생들이나 30대 이하의 연령대에서 보곤 했다. 이들이 아픈 웃음을 짓는 공통된 원인은 그들로서는 어쩔 수 없는, 불가항력적인 가정 환경에서 비롯되는 경우가 대부분이었다. 친구들과 수다를 떨며 해맑게 웃던 아이들이 가족 얘기를 꺼낼 때, 어둡게 변하던 표정과 냉소적인 눈빛은 보는 이로 하여금 죄책감까지 들게 한다. 그 아이들의 얘기를 들으면 방과 후 집으로 돌아가지 않고 서성이는 이유, 반항하고 탈선하는 아이들의 태도를 이해하게 된다. 자신이 귀가했는지 안 했는지 가족들이 모른다며 웃는 학생의 허탈한 웃음소리는 그 순간의 내 존재 가치마저 삼켜버린 공허함으로 기억하고 있다. 이런 아이들에게 사회의 적극적이고 지속적인 관심과 보살핌은 치유의 출발점이 된다. 일시적인 관심과 보살핌은 예민한 시기에 있는 청소년들에게 되레 상처가 될 수 있다. 지인 중에 방황하는 청소년들을 위해 오랜 시간 헌신적으로 일해온 사회봉사자가 있다. 늦은 밤에 거리에서 배회하고 방황하는 청소년들을 찾아가 그녀가 운영하는 센터의 보금자리로 인도하기도 한다. 그렇게 인도된 청소년 중에는 그녀와 동료들의 지속적인 관심과 보살핌으로 잘 성장하여 그녀처럼 청소년들을 선도하는 사회봉사자가 된 이들이 많다. 이런 사례는 청소년일 때 경험한 치유가 사회에 어떤 파급력을 지니게 되는지 보여준다.

아픈 웃음으로 감정을 표현하는 성인 클라이언트는, 어린 시절에 겪은 가정 환경으로 인한 감정 상태가 성인이 되어도 그림자처럼 삶에 늘 드리워져 있는 경우가 많다. 이들의 공통점은 자신의 시각에서 가족 구성원 중 가장 희생을 많이 한 사람에 대한 애착이 강한데 그 대상은 대개 엄마였다. 사랑은 내리사랑이라고 하는데 이들은 가장 사랑하는 사람을 떠올릴 때 1초의 주저함도 없이 엄마라고 대답했다. 가족들을 위해 모든 걸 희생한 엄마의 삶을 아파하면서도 아이러니하게 그들 역시 그런 엄마처럼 살고 있다. 그들이 울음을 토해낼 때 이야기의 중심에는 희생하고 힘들어한 엄마

어린아이처럼 울어도 좋아요

의 모습이 있는데, 어쩌면 현재 자신이 희생함으로써 겪는 힘든 감정을 엄마의 모습에 투영해 이해와 애착이 강화되었는지도 모른다. 그들을 보면서, 희생하며 헌신적으로 사는 부모가 자식에게 꼭 좋은 영향을 주는 건 아니라고 생각하게 되었다. 자식은 부모의 거울이라는 말처럼, 자식이 행복하게 살길 원하면 어려운 환경일지라도 소소한 것에서 행복을 느끼는 모습을 직접 보여주어야 한다. 그 모습이 자식에게 물려줄 수 있는 가장 훌륭한 유산이 아닐까? 가령, 남들처럼 자식에게 더 좋은 걸 사주지 못하면 괴롭다. 그건 당연한 마음이다. 그렇다고 해서 괴로워하는 모습만 보여준다면 결코 자식의 행복에 도움이 안 된다. 그럴 때 본인 힘으로 얻을 수 있도록 가르치고 기회를 주게 되었다고 생각하며 밝은 모습을 보여주면 어떨까. 실제로 제 힘으로 물건을 얻었을 때 느끼는 행복이 누군가가 간단히 그것을 가져다주었 때 느끼는 행복보다 클 수 있다. 애석하게도 누구나 부자인 부모가 될 수는 없지만, 생각의 전환만으로도 지혜로운 부모는 될 수 있다. 아이들이 갖고 태어난 행복의 씨앗은 지혜로운 부모에 의해 튼튼한 뿌리를 내리고, 일단 튼튼한 뿌리를 내리면, 성장하면서 자연스럽게 내면의 치유, 회복의 나무를 키워내지 않을까.

어떤 형태로든, 울음을 한바탕 쏟아내고 난 후 다음 세션에서 만나게 되면, 그들은 늘어난 체중을 빼고 온 듯 한결 후련하고 가벼워 보인다. 대화의 주제도 변화되어 있다. 변화된 그들을 보면서 감정 표현의 하나로 눈물을 쏟아내는 게 맞기도 하지만, 눈물이 억눌려 있던 감정을 씻어냈다는 표현이 더 정확하지 않나 생각하게 된다. 온몸이 땀으로 뒤범벅되었을 때 샤워하면 개운하듯, 마음이 많은 생각과 감정으로 뒤범벅되었을 때 눈물로 씻어낸 듯한 효과인 것 같다. 처음엔 고통스럽고 슬퍼서 울음을 터뜨리지만 그 울음을 통해서 자신이 가늠하지 못했던 고통의 깊이를 깨닫기도 한다. "이젠 타인의 이야기 같다고 생각했는데, 아직도 그때를 얘기하니 눈물이 나오네요. 또 울고 있네요!"라며 자신 안에 남아 있는 슬픔의 잔재를 발견하곤 한다. 감정과 눈물의 상호작용으로 인해 자신을 더 이해하게 되는 순간인 것이다.

동양에서는 인간의 대표 감정이 희노애락애오욕(기쁨, 노여움, 슬픔, 즐거움, 사랑, 미움, 욕망) 7가지이며 이를 칠정이라 일컫는다. 서양에서는 주된 인간의 감정은 기쁨, 슬픔, 혐

어린아이처럼 울어도 좋아요

오, 분노, 공포, 놀람 6가지로 분류한 후, 각 감정에 대해 부수적인 감정 24가지로 표현한다. 예를 들면, 절망감, 죄책감, 외로움, 지루함이 슬픔이라는 주된 감정에 포함되는 부수적인 감정이다. 이외에도 질투, 부러움, 간절함, 통쾌함, 경멸, 담담함 등 세세하게 들어가면 수없이 많다. 인간의 감정을 75가지로 설명한 책도 있고, 서양의 한 심리학자는 3만 4,000개의 감정을 언급하기도 했다. 이런 수많은 인간의 감정을 굵직하게 분류해 순한 감정, 기본 감정, 강한 감정 혹은 긍정적 감정, 부정적 감정 등으로 나누기도 한다. 개인적으로는 부정적인 감정이라는 건 없다고 본다. 부정적인 감정이라고 인식이 되는 탓에 표현이 필요한데도 불구하고 자제하는 사람들이 있다. 적절한 순간에 적절한 감정의 표현은 최상의 것이다. 부도덕한 일을 저지르는 사람을 보면서 노여움을 느낀다면, 그건 부정적인 감정이 아니라 최상의 감정이다. 질투도 부정적인 느낌으로 분류되지만, 가난한 나라의 지도자는 부자 나라에 대한 질투를 느껴야 한다. 그 질투의 힘으로 자신이 사는 나라를 부강하게 만들어 국민이 더 행복하게 살 수 있다면, 질투는 긍정적인 결과물을 빚어내는 데 큰 기여를 한 최상의 감정이 된다.

삶이 힘들 때 인간의 여러 감정 중에서 가장 자연스러운 감정은 슬픔이고, 슬픔을 가장 적절하게 표현할 수 있는 방법은 울음이 아닐까? 음악심리치료에서 만난 클라이언트들이 아픈 웃음으로 속울음을 감출 때와 그것을 토해내는 순간을 볼 때면, 슬퍼도 괜찮은데, 울어도 좋은데, 이유 없이 괜히 울어도 괜찮은데 왜 저토록 억누르며 살아왔을까라는 생각이 들 때가 종종 있다. 슬플 때, 공허할 때, 버거울 때, 쉴 자리는 어쩌면 울 자리인지도 모른다. 그 울 자리에 편한 대화 상대가 있다면 더할 나위 없이 좋겠다. 힘들 때면, 내 안에 존재하는 많은 자아 중 슬픈 자아를 위해 어린아이처럼 엉엉 울어주자. 소나기가 온 후 여기저기 떠다니던 먼지들이 씻겨 내려가 산과 들이 훨씬 맑게 보이듯, 어린아이처럼 실컷 울고 나면 내면 깊이 박혀 있던 슬픔, 고통, 공허의 잔재들이 씻겨 나가면서 맑고 강한 자아를 만나게 되고 치유와 회복의 무지개가 떠오르는 걸 경험하게 될 것이다.

어린아이처럼 울어도 좋아요

\#

다양한 가능성과 어우러짐을 향하여

사회성 향상과 행복의 관계

о

음악심리치료 공부를 시작한 후, 첫 실습을 나갔던 날이다. 함께 공부하는 친구와 한 조가 되어 지도교수와 방문한 곳. 한 울타리 안에 초등학교, 중학교, 고등학교가 있고 지적 장애가 있는 학생들이 다니는 특수학교라서 보안이 철저했다. 정문에서 벨을 누르고 우리의 신분과 학교 방문 목적을 말하면, 굳게 닫혀 있던 커다란 쇠문이 철커덕 풀리면서 자동으로 열린다. 정문이 열리고 언덕 위에 있는 학교 건물에 도달하기 전 방문처에 들러 지도교수가 방문자 명단을 작성하고 서명을 한 후 방문증을 목에 걸어야 통과 의례가 끝난다. 언덕을 오르고 나니 커다란 광장에 많은 학생들이 수업을 마치고 줄을 지어 서 있었다. 시간은 오후 3시 30분쯤이었다. 집에서 가족들과 생활하면서 보호자와 함께 통학하는 학생들 대상의 특수학교여서 기숙사 시설이 갖춰진 곳은 아니었다.

한 명 한 명씩 이름이 불리면서, 일부는 보호자 손을 잡고 집으로 돌아가고, 따로 줄을 선 아이들은 방과 후 활동을 한다고 했다. 나와 1미터 남짓 떨어진 거리에 줄을 서 있는 아이들 중, 내 시선을 사로잡는 여자아이가 있었다. 입고 있는 원피스, 신발, 등에 지고 있는 조그만 책가방, 책가방 앞 주머니에 든 물통, 쓰고 있는 뿔테 안경, 머리핀까지 온통 핑크색이었다. 단발머리를 한 마른 체구의 아이는 일고여덟 살쯤 되어 보였다. 다른 아이들보다 키가 커서 눈에 띈 건 아니었다. 그 또래의 많은 아이가 그렇듯 핑크빛 궁전에서 살다 나온 공주 같은 차림을 한 꼬마 아가씨가 안경 한쪽에 화장지를 끼워 넣고 익살스러운 얼굴을 하고선 주변 아이들을 마구잡이로 밀치고 있었기에 나뿐 아니라 모두의 시선을 끌고 있었다. 그 옆에서 선생님은 훈계를 하면서 말리고 말이다. 그 아이의 행동이 다른 사람들에게는 다소 폭력적으로 보일 수 있었다. 그러나 나는, 왠지 묘한 느낌이 들었다. 그 아이의 표정에서 느껴지는 악의 없는 '순수한 자유', 티끌 하나 묻지 않은 듯 바닥까지도 훤히 들여다보일 정도로 순도 높은 자유는 태어나 처음 보는 느낌이었다고 해야 할까. 마치 내가 늘 찾아 헤맨 자유인 듯했다. 인간에게 저런 표정이 있을 수 있구나라는 생각이 들 정도로 특별해서 그때 나는 그 아이에게서 눈을 뗄 수가 없었다.

잠시 후, 지도교수와 함께 음악심리치료 실습을 진행하게 될 교실로 이동했다. 교실에는 초등학생들이 사용하기에 적당한 높이의 의자와 고사리 같은 손들을 떠올리게 하는 조그만 책상 20여 개가 교실 뒤쪽 벽에 붙어 가지런히 놓여 있었다. 교실 앞쪽은 음악심리치료를 위해 비어 있었다. 초등학교 2학년생 자폐 아동 여섯 명과 함께하게 될 공간으로서, 악기들과 필요한 물품들을 놓기에 충분했다. 모든 준비를 끝내고 아이들을 만나게 되는 첫 순간을 설레는 마음으로 기다리는데 밖에서 선생님 말소리가 들려왔다. 도착했구나. 교실 문이 열리면서 아이들이 하나둘씩 들어오는데 광장에서 보았던 그 아이가 보이는 게 아닌가? 자폐를 앓고 있는 사람들의 남녀 비율을 보면, 평균 다섯 명 중 네 명이 남자다. 남자가 여자보다 네 배가 높다. 교실 안으로 들어오는 자폐 아동 여섯 명 중 다섯 명은 남자아이들이었고 유일한 여자아이는 나를 매료했던 그 아이였다. 반가웠다. 아이들을 데리고 들어온 선생님께서 우리에게 당부하셨다. 그 아이는 의자에 가만히 앉아 있지 못하고 교실을 마음대로 뛰어다니는 데다가, 주변 아이들을 마구잡이로 밀치고 다니니 주의 깊게 살피라고.

윤아는 똑바로 의자에 앉아 있는 경우가 거의 없었다. 허리를 숙여 머리를 의자 밑으로 집어넣고는 세상을 거꾸로 보는 것을 좋아했다. 그러다가 싫증이 나면 날개처럼 팔을 펼치고 교실을 빙빙 돌며 신이 나서 뛰어다녔다. 지치면 빈자리에 앉아서 천장을 올려다보며 세상 사람들 모두가 동경하는 미지의 세계에 가 있는 듯한 행복한 표정을 짓곤 했다. 그런 그 아이를 보고 있노라면 궁금하기도 하고 함께하고도 싶었다. 어디에 가 있는 걸까? 나도 윤아처럼 훨훨 자유롭게 날아서 저곳에 가고 싶다. 잠깐이라도 윤아처럼 더할 나위 없이 행복한 표정을 지으며 저곳에 있고 싶다. 어쩌면 이세상 모든 사람이 추구하는 행복이 바로 저 모습이 아닐까?

저런 행복에 도달하기 위해 아등바등 살아가는 게 아닐까? 윤아의 모습을 관찰하며, 바로 지금 이 순간 윤아처럼 행복할 수 있는데, 대다수의 사람이 추구하는 행복은 늘 미래로 미뤄둔다는 생각이 들었다. 현재가 미래를 위해 희생된다. 그래서, 행복과의 거리는 점점 더 멀어지는지는 것 아닐까. 윤아는 저토록 쉽게 바로 행복한 세상으로 갈 수 있는데, 사회 규범을 따르며 살아가는 일반인에게는 불가능한 일이고, 주변에서 보기 드문 그러한 모습을 어쩌면 장애라고 판단하는 건 아닌가 싶기도 했다.

윤아가 하고 싶은 대로 가만 내버려두면 크게 문제 될 것이 없었다. 함께 음악심리치료를 받는 아이들도 자폐 아동이라서 타인의 행동에 그리 신경 쓰지 않았다. 적어도 방과 후 활동을 하는 동안 그냥 내버려두어도 아무 문제 될 게 없어 보였다. 단 한 가지, 주변 친구들을 이유 없이 밀쳐대는 건 내 시각에서도 문제였다. 그 후 다양한 클라이언트를 만나며 그들을 통해 진짜 공부를 배우다 보니, 어쩌면 그건 윤아가 친구들과 소통하는 방식이었을지도 모른다는 생각이 들었다. 친구들을 밀치는 게 윤아가 자신의 감정이나 의사를 표현하는 방식이라면, 표현하는 자체를 멈추게 할 게 아니라 좀 더 부드러운 방식으로 전환하도록 도움을 주어야 했다는 아쉬움이 남아 있다.

대부분의 특수학교에서 음악심리치료를 특별활동으로 선택하는 목적은 '사회성 향상'이다. 사회에서 어우러져 살아갈 수 있도록 하는 것, 이것은 특수학교뿐만 아니라 모든 학교에서 추구하는 목표이다. 자폐 아동 교육에서는 사회성 향상이 늘 관건이다. 또한, 음악심리치료가 자폐 아동들에게 효과가 좋은 건 그들이 규칙적인 음악 리듬에 잘 반응하고, 트라이앵글, 기타와 같이 반짝거리는 악기나 카바사와 같이 피부나 시각적으로 자극을 느낄 수 있는 특정 악기에 큰 흥미를 보이기 때문이다. 이런 이유에서 특수학교에서는 자폐 학생들을 위해 음악심리치료를 선호한다. 학교에서 이뤄지는 음악심리치료는 학교에서 지향하는 목표를 함께 공유하여 세션 계획서를 짜고 진행하게 된다.

윤아는 기타를 특별히 좋아했다. 기타 소리를 좋아한다는 걸 감지한 이후로는 돌발 행동을 하려고 할 때마다 기타 소리를 들려주었다. 그러면 멈추고 나를 쳐다보았다. 때론, 두 팔을 펼치고 교실을 쌩쌩 달리는 윤아를 자리로 돌아오게 하려고 기타 코드는 내가 잡고 치는 건 윤아의 손으로 하도

어린아이처럼 울어도 좋아요

록 유도했다. 그럴 때면 우뚝 멈추고는 기타 줄들을 튕기며 나를 따라오곤 했다. 어느새 차분해진 윤아를 볼 때마다 기특했다. 기다림을 습득하게 하기 위해서는 순서대로 악기를 연주하거나, 갑자기 연주를 멈췄다가 다시 함께 연주를 시작하는 기술 등을 이용했다. 악기 연주 소리의 강약 조절, 다양한 악기 소리를 이용하는 것도 윤아의 주의를 끄는 데 큰 도움이 되었다. 주 1회 총 16회 음악심리치료 세션을 진행하는 동안 윤아가 음악심리치료 그룹 활동에 집중하는 시간이 점점 길어졌다는 점이 가장 큰 발전이었고, 주변 아이들을 밀치는 행동도 거의 없어질 정도로 크게 향상되었다.

마지막 음악심리치료 시간에 윤아가 보인 반응은 사진처럼 선명하게 각인되어 있다. 노래를 부르면서 기타를 치다가 갑자기 멈춰서 주의를 끈 다음 윤아를 보았다. 아이들을 밀면서 보여주었던 그 익살스러운 표정처럼 기타 소리를 점점 크게 내면서 익살스럽게 노래를 불러줬더니 갑자기 터져버린 윤아의 웃음소리. 윤아의 반응에 지켜보던 담당 교사, 관찰하던 지도교수도 함께 크게 미소를 지었다. 그때 큰 소리로 깔깔대던 윤아의 해맑은 웃음소리는 음악심리치료 공부를 하면서 받은 가장 큰 선물이었고, 이 공부를 끝까지 잘 마무리할 수 있게끔 한 원동력이라고 해도 과언이 아니다.

16회의 음악심리치료 실습을 마치고 난 후 학기마다 바뀌는 실습장으로 옮겨가며 윤아는 내게 기억에서만 만나게 되는 아이였다. 다음 학기 수업 시간에는 내가 직접 실습 중에 만난 클라이언트가 되어 역할극을 하면서 교수와 함께 토론하는 기회가 있었다. 클라이언트가 음악심리치료 진행 중에 특징적으로 반복하는 행동을 내가 직접 해보면 이해하게 될 수도 있고, 클라이언트의 모습을 흉내 내다가 음악의 자극을 받았을 때의 느낌 또한 중요하다는 교수의 조언을 실천해보기 위한 역할극이었다. 나는 그때 윤아를 따라 했다. 교실을 날듯이 맘껏 뛰어다녔고, 의자에 앉아서는 머리를 의자 밑까지 깊이 숙여서 세상을 거꾸로 보기도 했으며, 천장을 보면서 헤헤거리며 웃었다. 윤아의 모습을 내가 직접 경험해보니 '어머나…… 이렇게 좋은 거였어?'라는, 내 생애 느끼지 못했던 해방감, 그지없는 자유로움을 만끽했다. 그제야 윤아가 반복하던 그 독특한 행동들을 조금은 이해하게 되었다.

윤아를 만난 지 5년의 시간이 흐른 어느 날, 함께 공부했던 친구를 만났다. 그 친구도 더 이상 학생이 아닌 공인된 음악심리치료사로서 일하고 있었다. 윤아가 있는 그 특수학교에서 음악심리치료를 하고 있으며 윤아가 여전히 참석하고 있다는 것이 아닌가! 5년이 흐른 후 윤아의 모습은 어떻게 변해 있을지 너무도 궁금했다. 윤아의 이름이 내 머릿속에서 떠나질 않았다. 결국 친구에게 윤아의 음악심리치료 시간에 들어가서 실습 학생들이 관찰하듯, 내게도 그런 기회를 주면 안 되겠느냐고 조심스레 물었다. 비록 학생 신분의 실습생으로 만나긴 했지만 나에게는 생애 첫 클라이언트인 윤아가 어떻게 자랐고 어떻게 변화했는지 보고 싶다고 간곡히 부탁을 했다. 친절한 그 친구는 나를 이해해주었고 흔쾌히 승낙해주었다. 물론 학교 측 담당자의 허락도 받아주었다. 어른들에게 5년이란 그리 긴 시간이 아닐 수도 있지만 자라나는 아이들에겐 많은 것을 보고, 느끼고, 배우면서 끊임없는 성장과 변화를 겪는 엄청난 시간이다. 초등학교 2학년이었던 윤아가 중학생이 된 모습은 어떨지 나의 첫 클라이언트와 만날 날을 손꼽아 기다렸다.

드디어 그날이었다. 윤아가 볼 수 없는 곳에서 지켜만 보기로 했기에 인사조차 나눌 수 없었다. 그래도 설렜다. 음악심리치료 특별활동반에 학생들이 하나둘씩 들어오는데 나는 단번에 윤아를 알아보았다. 키가 훌쩍 자라고 성숙해져서 꼬마 티를 완전 벗었지만 단발머리와 어렸을 적 그 얼굴, 마른 체형은 그대로였다. 윤아를 보는 순간 감지된 첫 변화는 핑크색이 전혀 없다는 점이었다. 하얀 티셔츠에 검정색 바지인 학교 체육복을 입고 있었기에 핑크색이 없는 건 당연했지만, 나는 왠지 옷 색깔이 윤아의 변화를 보여주는 듯했다. 그날, 음악심리치료 시간 내내 윤아를 관찰하며 참 놀라웠다. 윤아는 한 번도 자리를 이탈하지 않았고, 단 한 번도 의자 밑으로 머리를 숙이고는 세상을 거꾸로 보려 하지 않았고, 한 번도 천장을 보면서 해맑게 웃지 않았다. 몸을 움직이거나 엉뚱한 곳을 가끔씩 응시하긴 했지만 처음부터 끝까지 제자리를 지켰으며, 차례를 기다릴 줄 알았고, 자기 순서가 오면 제때 정확하게 반응했다.

윤아의 사회성은 크게 향상되어 있었다. 자폐 아동들에게 사회성 교육은 빠를수록 효과적이라는 이론을 내 눈으로 정확하게 확인하는 순간이었다. 나는 여러 감정에 휩싸였다. 장하다. 보통 사람에게도 만만치 않은 사회화 과정을 본격적으로 밟고 있구나. 성과를 보이고 있구나. 그래, 사람들과 어우러져 지내려면 필요하지. 반면, 나를 매료했던 그 순

어린아이처럼 울어도 좋아요

도 높은 자유로움, 더없이 행복해하던 표정, 음악 소리 못지
않게 듣기 좋았던 웃음소리는 이제 자주 접할 수 없겠구나.
그 보석 같은 순간을 너와 우리는 잃었구나. 그래서 간절히
바라게 되었다. 윤아의 사회생활이 이뤄지는 장소 밖에서는
여전히 그 특유의 자유로움과 행복감을 느끼고 표현하길.

　장애의 정도나 특성에 맞는 적절한 사회화 교육은 필요
하다. 다양성이 존중받고 함께 어우러져 사는 사회가 되기
위해서는 비장애인이 장애를 잘 알고 이해하고자 노력해야
하는 만큼, 장애인도 적절한 사회적 제스처를 습득해야 균
형을 이룰 수 있다. 그렇기에 많은 장애인의 보호자들이 그
것을 위해 애쓴다. 다만 윤아는 독립해서 사회생활을 할 정
도의 경증 자폐 아동은 아니었기에 생각이 복잡해진 것이
다. 자폐 정도가 경증인 사람은 어느 정도 대화도 가능하고,
훈련을 통해 규칙적으로 반복되는 단순 노동의 방법을 습득
하여 생계 수단으로 삼을 수 있지만 윤아는 대화가 거의 불
가능할 만큼 자폐 증상이 깊다. 사회가, 학교가, 부모님이 원
하는 방향으로 윤아는 크게 변화되었지만 사회생활을 할 수
있는 만큼 변화되는 건 어렵다. 그런데도 불구하고 모두가
보통 사람의 기준에 부합하는 사회성을 갖추어야 할지는 세

심하게 짚어볼 문제가 아닐까 싶다.

매주 월요일 저녁 초등학생에서 고등학생 나이의 장애인이 거주하는 시설에 가서 세션을 한다. 시설이 위치한 곳은 도심 외곽이고, 주거 지역에서도 동떨어진 산 위에 있다. 이곳에 갈 때는 마음이 특히 가볍고 즐겁다. 아이들이 원껏 자유롭게 움직일 수 있을 만큼 공간이 넓고 안전 시설도 잘 갖추고 있기 때문이다. 상주 직원들도 아이들의 사회성을 기르기 위한 교육보다는 음악을 마음껏 즐길 수 있도록 돕는다. 그들은 함께 아이들과 놀아주면서 대기하고 있다가 아이들이 자해를 하거나 공격적이 되는 경우에만 제지하는 역할을 한다.

이곳에 동료 치료사와 함께 도착하면, 늘 창문 너머로 밖을 바라보며 기다리는 창식이가 보인다. 고등학생인 창식이는 우리를 보는 순간, "노래! 노래!"라고 말하면서 박수를 친다. 그동안 창식이와 여러 세션을 진행해오면서 유일하게 들을 수 있는 단어는 '노래'와 '할머니'였다. 우리가 들어가서 노래를 부르기 시작하면 창식이는 눈웃음을 지으며 검지손가락 두 개를 리듬에 맞춰 움직이기 시작하고 흥에 겨우면 세션 장소를 맘껏 돌아다니며 웃음을 터트리기도 하면서

어린아이처럼 울어도 좋아요

춤을 추곤 한다. 상주 직원도, 우리도 창식이의 춤을 따라 하며 웃음을 터트린다. 행복에 겨운 표정으로 춤을 추는 창식이를 볼 때마다 변화된 윤아가 오버랩된다.

물론 모두가 이와 같은 시설에서 지낼 수는 없다. 여건상 원해도 가지 못할 수 있고, 시설 생활을 사회적 고립이라 판단할 수도 있다. 생각과 상황이 모두 다르므로 이것이 정답이다, 이렇게 말할 수 없다. 하지만 이러한 장애인 특화 시설에서의 교육과 생활이 필요한 이들도 있다. 장애의 정도가 커 아무리 반복 학습을 해도 사회성이 향상되지 않아 애를 먹는 경우도 있을 테고, 내 자녀의 사회화보다 행복을 우선시하는 보호자도 있을 것이다. 그러므로 만약 다양한 가능성을 모색할 여건이 된다면, 내 장애인 가족이 무엇을 더 행복하게 받아들이며 살아갈 수 있을지도 고려 항목에 넣어보면 어떨까.

자녀의 행복을 기준으로 한 선택

∘

청소년 센터에서 중고등학생들을 대상으로 저녁 시간에

소규모로 요가&음악세러피 세션을 진행했다. 이 센터는 중고등학생, 청년을 대상으로 건강, 특히 정신 건강을 위해 다양한 프로그램을 제공하는 곳이다. 누구든지 회원이 될 수 있다. 특히 학교생활에 잘 적응하지 못하거나 불우한 가정의 청소년 또는 거리를 배회하는 청소년들에게 마음의 쉼터가 되어주는 곳이며, 저녁 시간이나 주말에 더 붐비는 곳이다. 센터장에 의하면 우울증, 불안증 등과 같은 심리 상태는 25세 전에 잘 치료하면 회복될 수 있지만 그러지 않으면 평생 약에 의존해야 하는 경우가 많다는 연구 결과를 근거로 중고등학생과 25세 이하 청년들의 정신 건강을 관리하는 데 주력하고 있다고 했다.

저녁 6시부터 7시 30분까지 진행되는 요가&음악세러피 세션에는 총 여덟 명, 비슷한 나이대의 여학생들이 참여했다. 세션이 시작될 즈음이면 또래의 아이들처럼 삼삼오오 무리를 지어 재잘재잘 수다를 떨며 나타나곤 했다. 그중 세 명은 다른 강의실에서 막 댄스 수업을 마치고 늦을까 봐 부랴부랴 뛰어오기도 했고, 또 다른 두 명은 늘 조금 늦게 들어오거나 가끔 결석을 했는데, 강의실로 들어오는 순간이면 담배 냄새가 났다. 나머지 세 명의 여학생들은 시작 전에 일찍 와서 기다리곤 했다. 센터에서 나에게 이 세션을 의뢰한 이유 중 하나는 요가가 대중화되긴 했지만 이 아이들은 가정환경상 꾸준하게 요가를 접하기가 쉽지 않기 때문에 이 시간을 좋아할 것이고, 센터장의 입장에서는 음악심리치료 요법의 적용으로 아이들의 심신 안정을 도모할 수 있기 때문이라고 했다.

나는 세션이 효과가 있는지 살피는 데 정확한 지표를 얻기 위해 시작할 때와 끝날 때 심작박동수를 체크한다. 세션이 끝날 때 심박수는 대부분 안정적인 수치이지만 시작할 때는 그날그날 상황에 따라 다르다. 성인들은 시작할 때 수치가 상황에 따라 다를지라도 대략 움직이는 범위가 정해져 있다. 그러나, 감수성이 예민하고 외부 환경에 민감한 이 또래의 여학생의 경우는 시작할 때 심박 수치가 들쭉날쭉해 측정기에서 경보음이 울리는 경우도 있다. 그들 중 딱 한 명, 혜나는 시작할 때나 끝날 때나 늘 안정적인 심박수를 유지했고 편안해 보였다. 비슷한 무리에서 비슷하지 않은 사람은 늘 내게 관심 대상이 되어 본능적으로 그 사람 표정, 언어, 음색, 자세, 몸짓, 눈짓, 손짓, 발짓, 눈빛, 호흡 하나하나를 주의 깊게 관찰하게 된다.

혜나는 언제나 가장 첫 번째로 강의실에 도착했다. 먼저 도착한 학생들은 다른 학생들을 기다리는 동안 누워서 편안한 요가 자세를 취하게 한 후 호흡을 같이하기도 하고 마음이 편안해지는 음악을 들려주곤 했다. 첫날 혜나가 누워서 호흡하는 자세만 봐도 마음이 평화로운 아이라는 걸 감지할 수 있었다. 마음의 안정과 호흡에 도움이 되는 음악을 들려주었더니 반복되는 멜로디를 바로 습득하고 흥얼거리기까지 했다. 음악과 호흡의 연상작용 효과를 만들어내기 위해 세션 때마다 호흡 시에 같은 음악을 여러 번 들려주었더니 이해되지 않는 산스크리트어로 된 가사까지 암기해서 마치 자신의 노래인 듯 자연스럽게 부르기도 하여 나를 놀라게 했다. 그 음악을 들으면서 자연스럽게 호흡을 가다듬는 클라이언트들은 있었지만 혜나처럼 편안하게 노래를 부르는 경우는 처음이었다. 이해하지 못하는 외국어 가사를 암기해서 마치 자기 노래인 양 자연스럽게 부르는 것도 신기했다. 그 모습은 노래를 부른다기보다는 온몸에서 자연스럽게 노래가 흘러 나오는 듯했다.

세션이 끝날 때마다 학생들의 반응, 진행 상황, 변화, 다음 세션에 대한 준비 등 센터 담당자에게 보고하고 함께 평가, 토론하는 시간을 갖는다. 혜나는 음악을 아주 좋아하고 즐기는 아이라고 했더니 1~2년 아이를 보아왔던 담당자가 맞장구를 치며 노래 실력이 대단하다고 했다. 혜나는 몸 상태도 다른 아이들에 비해 월등히 유연했다. 많은 클라이언트들을 만나보니 평소에 운동을 잘 하지 않는데도 유연한 사람은 대체로 편안한 성격을 지니고 있었다. 혜나의 몸이 유연한 것도 편안한 성격에서 비롯되는 듯 보였다. 차분하고 평화로운 아이였지만 강의실에 들어오는 모습을 보면 왠지 경쾌해서 몸에 리듬이 배어 있는 게 느껴졌다. 한번은 쉬는 시간에, 댄스 그룹에서 온 여자아이들이 음악을 틀어놓고 벽면 거울을 보며 춤을 추고 있는데, 혜나가 한쪽 구석에서 그 학생들을 따라 리듬에 맞춰서 함께 배웠던 아이처럼 춤을 멋들어지게 추는 것 아닌가. 참으로 다재다능했다.

세션을 거듭하면서 한 가지 혜나가 나로 하여금 고개를 갸웃거리게 하는 경우가 있었다. 문제 없이 대화를 이어가다가도 새로운 것을 언급할 때는 잘 이해하지 못하는 듯해서 서너 번 반복해주어야 했다. 처음에는 영어로 하는 소통에 문제가 있나 싶었지만, 그 때문이 아니라 혜나가 언어를 이해하는 속도가 조금 느린 듯했다. 센터장과 회의 중에 이 사항에 대해 얘기를 했더니, 혜나는 지적 장애 수치와 정상 수치 딱 가운데에 있는 경계선 지능인이라는 것이다. 그룹에서 가장 시간을 잘 지키고, 가장 강의에 열정적이고, 가장 마음 관리를 잘하는 아이. 마치 오랜 기간 수행과 명상을 통해 득도한 듯 심박수가 외부 요인에 영향을 받지 않고 안정적이었던 아이. 처음 듣는 노래를, 그것도 이해하지 못하는 외국어 가사 노래를 불과 서너 번 듣고는 암기해서 마치 자기 노래처럼 부르던 아이. 댄스를 배우는 아이들보다 더 능숙하게 리듬을 타며 멋들어지게 춤을 추던 그 아이가 경계선 지능인이라고? 가장 월등해 보였던 아이가 다른 아이들보다 지능 수치가 낮다고? 이것도 놀라운 사실인데 더 놀라웠던 건 혜나가 특수학교에 다닌다는 것이었다.

대부분의 부모는 아이들이 장애가 있어도 일반 학교에 보내려고 애쓴다. 특히 혜나처럼 신체가 건강한 데다 지능 장애와 정상 수치의 경계선에 있는 아이라면 더더욱 그렇다. 되도록 내 아이가 보통의 인생을 살길 바라는 바람은 당연하다. 그러나 더러는 혜나의 부모님 같은 이들도 있다. 수십 년 동안 많은 청소년을 상담하고 선도해온 센터장에 의하면, 혜나의 부모님은 혜나가 일반 학교를 가면 스트레스를 받아 힘들 것이라면서, 특수학교를 보내는 게 행복해지는 길이리라 판단했다고 했다. 센터장은 혜나의 부모는 정말 보기 드문 경우라고 했다. 자녀의 삶이 달린 문제이니 응당 심사숙고했겠지만, 그들의 선택 기준은 결국 평범하게 살아갈 혜나의 미래보다 일상에서 매 순간 느끼는 '지금 이 순간의 행복'이었던 것이다. 나는 그들의 판단과 선택 앞에서 겸허해지고 감탄할 수밖에 없었다.

물론 혜나가 새로운 것을 이해하는 시간이 남들보다 조금 더 걸리는 걸 문제로 보는 사람이 있을 수 있다. 그러나 전적으로 관점의 차이다. 똑같은 음식을 먹어도 사람에 따라 소화되는 시간이 다르듯 대화를 이해하는 시간이 조금 더 걸릴 뿐이다. 이해력이 자신보다 느린 사람을 배려하지 못하고, 이해하려고도 하지 않는다면 그것이야말로 진짜 이해력이 부족한 것 아닐까. 혜나처럼 이해하는 데에 시간을 들이는 건 전혀 문제가 아니고 되레 감사할 일이다. 가정, 학교, 직장 등에서 사람들이 서로 싸우는 것도 상황과 사람을 이해하려고 시간을 들이지 않기 때문 아닌가. 이해를 못 하는 게 아니라 시간을 들여 이해할 자세를 지니고 있지 않아서 관계가 틀어지고 사회생활이, 삶이 힘들어지는 것이다.

내가 맞네, 네가 틀리네, 아웅다웅 티격태격, 내가 맞다는 걸 확고한 전제로 깔고, 토시 하나하나 지적한다. 잘 안 쓰던 언어, 문장까지 동원하고, 비논리를 논리로 바꾸는 현란한 언어 요술까지 부려가며 마치 토론장에 있는 듯한 연출까지 하는 지적 수치 높은 이들보다는 이해의 속도는 조금 느리지만 노력하는 혜나가 더 인간적이고 행복한 사람 아닐까. 어떻게 보이는지는 제쳐두고 행복한지를 그들에게 직접 물어본다면 혜나는 분명 행복하다고 할 것이다. 강의실을 들어오는 여유로운 모습으로, 평화롭게 노래를 흥얼거리는 모습으로, 혼자서도 즐겁게 춤을 추는 모습으로 혜나는 이미 대답을 해주었다. 이는 혜나 부모님의 현명한 선택과 결정이 아주 큰 영향을 주었다는 걸 부인할 수 없었다.

우울증, 불안증을 25세 전에 잘 치료하지 못하면 평생 약에 의존해야 할 확률이 높다고 한 센터장의 말처럼, 심리학 이론에서 어린 시절의 성장 과정이 전 생애의 정신 건강에 중요한 역할을 한다는 건 잘 알려져 있다. 행복의 초석을 수립하는 데는 어린 시절, 청소년 시절이 가장 중요하다. 개인적으로 행복의 초석은 건강한 마음이라고 생각한다. 고통스러울 때, 괴롭고 힘들 때, 한없이 바닥으로 추락할 때, 그 바

어린아이처럼 울어도 좋아요

닥을 밑에서 굳건하게 받쳐주고 있다가 바닥이 부서지려는 순간 드러나면서 나를 지탱해 주는 것, 다시 치고 올라갈 수 있도록 하는 회복의 탄력성이 바로 건강한 마음이다. 건강한 마음은 살아가면서 늘 행복할 수는 없지만 행복하지 않은 순간에 지금 내가 왜 행복해야 하는지 그 이유를 찾을 수 있는 긍정의 자세 아닐까.

한 사람이 태어나서 신체적으로 건강한 아이가 되기까지 양육자의 보살핌이 필요하듯, 정신적으로 자라는 데는 양육자의 선택과 결정이 지대한 영향을 미친다. 내 아이의 미래를 위한 선택이라면서 현재의 웃음을 빼앗는 선택과 결정을 하는 게 아니라, 도덕적으로 문제 없고 주변에 폐를 끼치지 않는 한, 지금 이 순간 아이의 웃음이 지속될 뿐 아니라 미래에 더 웃을 수 있는 선택과 결정을 하는 게 지혜로운 부모 아닐까 생각해본다.

언젠가 건널목에서 신호등을 기다리다가 갑작스러운 폭우가 쏟아져 부랴부랴 우산을 꺼내 든 적이 있다. 그때 길 건너편에서 짐수레에 박스를 잔뜩 싣고 가던 노년의 배달원이 온몸이 비에 흠뻑 젖는 건 상관없이 부랴부랴 비닐 덮개를 꺼내 박스들이 젖지 않도록 덮고 있었다. 자신의 몸보다

짐을 챙기는 모습을 보면서 저렇게 흠뻑 젖으면 감기에 걸릴 텐데 걱정도 되고 왠지 가슴이 아파왔다. 바로 그 순간에 내 옆을 지나던 인도 사람이 우산도 없이 마치 기다렸다는 듯이 빗속을 뚫듯 씩씩하게 걸어가며 "Shower blessing(축복의 소나기)!"이라고 환호하며 걸어가는 게 아닌가? 그 한마디가 비에 젖는 배달원을 보며 가슴 아파하던 나를 순식간에 위로했다. 순식간에 생각이 전환되면서 행복을 체험한 것이다.

그로부터 몇 년 후, 인도 뭄바이에 여행을 갔을 때, 방파제 근처를 걷다가 갑자기 소나기가 쏟아진 순간이 있었다. 어디에 숨어 있었는지 여기저기서 사람들이 우르르 밖으로 뛰어나와 비를 맞으며 축제인 듯 환호하던 모습, 맨발과 슬픈 눈빛으로 구걸하던 꼬마 아이까지 활짝 웃는 얼굴로 첨벙대며 비를 즐기는 모습을 보며 다른 나라 도시 사람들과는 너무도 다른 모습에 놀란 적이 있다. 그 누구도 우산을 쓰지 않았다. 비를 신이 내리는 '축복'이라고 여기는 그들은 비를 맞으며 행복해한다. 비가 사람이 되고, 사람이 비가 되는 그 모습은 인간과 자연이 하나되어 어우러진 가장 아름다운 광경이었다. 이처럼, 같은 생각을 공유하는 사람이 많

어린아이처럼 울어도 좋아요

다면 온몸이 비에 젖어도 행복에 차 있는 것이다. 가족이 처한 상황에서 최선을 다해 아이가 진정으로 행복하게 살 수 있는 선택과 결정을 내리는 양육자가 많아지는 세상이 되길 바라본다. 결국 그 아이들이 자라서 성인이 돼 행복한 사람이 많아지는 세상이 될 테니 말이다.

'보통'과 '정상'의 기준

○

비 오는 날에 딱 어울리는 음악들을 듣고 있노라면 그보다 더한 힐링이 없다. 비가 오는 걸 바라만 보는 게 좋지, 비 오는 거리로 나가고 싶지는 않다고 하는 사람들이 있는 반면, 나는 비가 오면 안에서 밖을 바라보는 것도 좋고, 밖으로 나가는 것도 좋고, 가랑비에 젖는 것도 좋고, 우산을 쓰고 걷는 것도 다 좋아한다. 이렇게 비를 좋아하던 내가 음악심리치료를 시작한 이후로는 비 오는 날이 반가우면서도 한편으론 걱정하는 버릇이 생겼다. 신체적, 정신적으로 쇠약한 사람들은 날씨의 영향을 많이 받는데 특히, 비 오는 날은 두드러진다. 정신장애가 있는 이들이나 노인들이 대표적인 예이다. 비 오는 날 노인들은 신체적인 불편을 호소하고, 치매 학교에 결석하기도 한다. 정신장애가 있는 분들은 감정을 강하게 분출한다. 그들이 거주하는 곳에 방문했을 때 비가 오면 신경 써야 할 게 많다. 무전기와 마스터키가 그중 하나다. 돌출 행동으로 인한 사고를 방지하기 위해 방마다 문이 닫히면 자동으로 잠기도록 돼 있어서 마스터키를 늘 소유하고 있어야 하고, 돌출 행동에 대비해 무전기도 반드시 지참해야 한다. 비 오는 날만 되면, 건물 밖까지 들려오던 그 비명 소리들은 아직도 생생하다.

지적 장애인도 아니고 노인도 아닌 단지 몸이 조금 약한 경우인데도, 궂은 날씨가 되면 개인 세션을 취소하는 클라이언트도 종종 있다. 어느 날, 오전 8시에 세 명의 개인 세션 클라이언트들로부터 불과 10분 차로 주르르 문자를 받았다. 서로 모르는 사이인데 문자 내용은 똑같았다. 몸이 안 좋아서 그날 세션을 취소하겠다는 것이다. 세 분의 취소 문자를 받고는 창밖의 화창한 날씨를 보면서 날씨 탓은 아닌 것 같은데……라고 생각했다. 두 시간 뒤, 마른하늘에 날벼락 치듯, 해가 멀쩡하게 떠 있는 상태에서 우르르 쾅쾅 천둥 소리가 들리더니 갑작스럽게 어둠이 엄습하면서 하늘이 뚫린 듯

소나기가 쏟아지는 게 아닌가! '아, 일기 예보보다 더 정확한 분들이여!'라며 감탄했다. 어쩌면 그렇게 정확한 신체의 민감도를 지니고 산단 말인가!

그때 문득, 날씨의 변화를 몸으로 느끼는 예민한 이들은 학교 수학 시간에 자주 다루던 정규 분포 곡선에서 어느 위치에 속할지 궁금해졌다. 동시에 머릿속에서 얼추 그래프를 그리며 상상의 날개를 펼쳤다. 꼭짓점이 있는 정중앙 부분은 분명 아닐 것이다. 꼭짓점을 중심으로 대칭으로 완만하게 곡선을 그리며 내려가는 부분에 그들이 위치할 것이다. 일반적으로 사람들은 분포상 꼭짓점이나 그 주변에 위치하면 정상이라고 명명하고 꼭짓점에서 멀어지면서 일정 선을 넘어가면 비정상으로 보며, 중앙에서 아주 멀리 떨어지면 이상치라고 한다. 장애인을 이 그래프에 배치한다면 아마 그래프 왼쪽 끝부분에 놓고 '비정상'이라 칭해질 것이다. 사회적으로 크게 성공한 예술인, 기업인은 오른쪽 그래프가 끝나가는 부분에 위치할 것이다. 이름만 대면 대다수 사람이 알 정도의 재벌이나 예술인은 아예 분포 밖에 위치하며 이상치로 분류될 것이다. 흥미로운 점은 장애인도 사회적으로 성공한 사람들도 모두 비정상으로 분류된다는 것

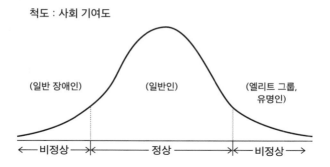

척도 : 사회 기여도

(일반 장애인)　　　(일반인)　　　(엘리트 그룹, 유명인)

← 비정상 → ※ ← 정상 → ※ ← 비정상 →

이다. 이 비정상인 집단에 있는 사람들을 그래프 오른쪽 끝에 두느냐, 왼쪽 끝에 두느냐를 가름하는 기준은 사회성 유무이거나 사회 기여도 정도이다. 사회성을 기른다는 건 타인과 함께 살아가는 법을 배우고 실행하는 것인데, 현 사회에서 요구되는 사회성은 자본의 흐름에 기여하느냐가 전제 조건인 듯하다. 이상적인 사회성이 실현되는 사회라면 장애인은 소외되지 않아야 한다. 장애인이 소외되는 것은 자본의 흐름에 기여하는 역할을 하지 못하는 경우가 많기 때문이다. 물론, 장애 유무와 무관하게 도덕적으로 훌륭해 사회적으로 존경받는 사람은 사회성보다는 사회적 기여도가 높은 경우다.

　　　　　　　　　　어린아이처럼 울어도 좋아요

만약 우리 사회를 움직이는 자원이 자본이 아니라 솔직함이나 순수함이라면, 그래프 위치에 속하는 집단에 큰 변동이 있을 것이다. 사회생활을 꽤 오래하면서 만나본 사람들에 비해 음악심리치료를 하면서 만난 지적 장애인의 솔직함, 순수성은 숭고할 정도라서 비교 자체가 안 된다. 그들은 분명 그래프 반대쪽, 오른쪽 끝 쪽으로 이동할 것이다. 이처럼, 무엇에 가치를 두느냐에 따라, 정상이 비정상으로 뒤바뀌고 소외받던 자가 추앙받는 자로 변하거나 동경의 대상이 사기꾼으로 전락할 수 있다.

그렇다면 보통이라고 여겨지는 평범한 사람들은 진정 보통일까? 무엇을 보통이라고 기준을 내리는 것일까? 주변을 돌아보면 대부분이 평범해 보인다. 그 평범한 사람들과 가까워져서 찬찬히 들여다보았을 때 모든 면이 과연 보통일까? 좋은 예로 가장 가까운 가족이나 지인을 살펴보면 보통의 선을 넘는 최소 한 가지 면은 발견할 것이다. 지나치게 좋아하는 것 혹은 싫어하는 것, 지나치게 집중하는 것 혹은 소홀히 여기는 것, 결코 타협되지 않는 것, 지나치게 철저한 것 혹은 지나치게 배제해버리는 것, 특정 상황에 지나치게 감정적 혹은 이성적인 것 등등 자신의 시각으로 상대방을 보기에 비정상적이라고 판단되는 면이 분명 있다. 인간 자체가 완벽한 존재가 아니기에 절대적인 비교 기준은 없고, 그래서 개개인 모두가 하나씩은 비정상적인 면이 있다. 사람은 알고 보면 모두 평범한 동시에 특이하다는 말이 괜히 나오는 게 아니다. 더욱이 비정상적이라고 해서 결코 부정적인 것만 있는 건 아니다. 어쩌면 나와 다른 그 비정상적인 면을 통해서 큰 가르침을 얻게 되는 계기가 될 수도 있다. 비정상적인 친절함, 비정상적인 희생, 비정상적인 인내심을 발휘하는 사람들을 통해 감명받고 자신을 반성하게 되는 계기가 이에 해당되는 좋은 예다.

개인적으로 나에게는 음악심리치료 시간에 만난 자폐아들이 인간의 능력과 한계에 대해 많은 가르침을 준 큰 스승이다. 실례로, ABCD 알파벳 노래를 함께 부르다가 노래가 끝나자 거꾸로 불러달라는 요청을 한 남자아이가 있었다. 무슨 말인지 이해가 되지 않아 어떻게 하는지 가르쳐달라고 했더니, 알파벳 노래를 역순으로 "ZYXWVU…DCBA" 노래를 부르는 게 아닌가? 또 다른 남자아이는 세션을 끝내면서 부르는 맺음 노래를 함께 손뼉 치며 즐겁게 부르다가 갑자기 바닥에 드러누워 소리를 지르며 울어대는 게 아닌가?

어리둥절하여 세션이 끝난 후, 담당 선생에게 문의했더니 종소리에 민감한 그 아이는 끝을 알리는 종소리가 나기 전에 모든 것이 끝나야 한다는 것이다. 그 원칙이 깨져 고통스러워한 것이다. 저녁 시간에 학교 기숙사에서 진행되는 세션에서 만난 자폐 남자 청소년에겐 한 가지 중요한 원칙이 있는데, 애니메이션은 다른 장소가 아닌, 반드시 집에서 TV로 보아야 한다는 것이었다. 그걸 모르고 나와 함께 일했던 음악심리치료사가 애니메이션 주제가를 불렀다가 그 아이가 고통스러워하는 행동을 보였다. 이렇게 자신이 세운 원칙을 한 치의 오차 없이 정확하고 철저하게 고수하는 그 아이들의 모습에서 인간의 능력이 얼마나 위대한지를 깨달으며, 시시때때로 원칙을 깨며 느슨하게 살아가는 나를 반성하게 하는 계기가 됐다. 그 아이들의 비정상적인 면을 보면서 어떤 시각으로 받아들이느냐는 바로 우리 자신에게 달렸고 긍정적으로 전환하게 되면 장애인에 대한 시각이 바뀐다. 장애인들에 대한 시각이 바뀌면, 장애라는 단어는 없어지고 '다름'만이 그 자리를 차지할 것이다. 서로 다름을 인정하게 되면, 서로의 부족한 점이 채워지고, 각자의 특징은 더욱 긍정적으로 도드라지게 될 것이다.

다양성이 공존하는 사회

。

내가 홍콩으로 오기 한참 전, 한국에서 있었던 일이다. 지하철 안에서 우연히 보게 된 참 안타까운 상황이었다. 중학교 2~3학년쯤 되어 보이는 남자아이들 셋이 바로 맞은편에 있는 또래로 보이는 남자아이를 보며 웃고 있었다. 그 남자아이는 엄마로 보이는 한 여인과 함께 있었다. 중학생 셋이 웃고 있길래 나도 그들이 바라보는 맞은편에 있는 남자아이를 봤는데 그 아이가 장난기 가득한 얼굴로 중학생 셋을 보고 있었다. 세 명의 아이들도 함께 장난스럽게 웃고 있었던 것이다. 그 아이들을 보며 귀엽다는 생각을 하고 있는데 갑자기 엄마로 보이는 여인이 그 중학생 세 명에게 자기 아들을 놀리고 있다며 불같이 화를 내는 게 아닌가? 그 여인의 폭발적 분노에 아이들은 겁을 잔뜩 먹은 얼굴로 당황하는 듯했고, 나도 깜짝 놀랐다. 그녀가 화를 내며 쏟아내는 말을 듣고서야 상황이 파악되었다. 아이가 지적 장애인이었던 것이다. 내 눈에 그 아이는 전혀 장애인처럼 보이지 않았다. 그냥 해맑게 장난기 어린 표정을 짓고 있어서 사랑스럽기까지 했다. 나도 그 애를 보며 미소 짓고 있었다. 장애인처럼 보였

어린아이처럼 울어도 좋아요

다면 그 중학생 아이들도 그렇게 행동하지 않았을 것이다. 그때 그 순간은 다 함께 웃으면서 화기애애하게 눈인사를 나눌 수 있는 기분 좋은 상황이었건만, 그 여인이 지적 장애인인 아들을 바라보는 주변 사람들의 인식에 예민해진 탓에 방어적으로 대응하여 벌어진 일이었다. 그간 얼마나 사람들로부터 상처를 많이 받았기에 그랬을까 싶어 안타깝기도 했고, 아들은 아들대로 자신을 보호하고자 하는 엄마의 그러한 모습에 혹여 자신감이 떨어지거나 열등감이 생기지 않을까 싶어 염려되기도 했다. 그 자리에 있던 모두가 사회적 편견에 의한 피해자가 된 셈이었다.

1990년대, 내가 처음 미국에 갔을 때, 대학을 둘러보며 놀랐던 건 전신 마비가 된 장애인 학생이 보호자 없이 홀로 자동 휠체어를 타고 신체가 건강한 학생들과 별다를 바 없이 학교 곳곳을 자유로이 다니며 수업을 듣는 모습이었다. 학교 곳곳에 장애인을 위한 시설이 훌륭하게 구비되어 있다니, 아주 인상적이었다. 장애인 수가 많아서일까 처음엔 그런 생각을 했다. 미국에 갔을 때도 그렇고, 홍콩에 처음 왔을 때도 한국에 비해 장애인이 거리에 많이 보였다. 그러나 생활하다 보니 한국에 비해 장애인 수가 많은 게 아니라 장애인을 위한 시설과 제도가 한국보다 잘 갖추어져 있어서 거리에서 자유롭게 다니는 장애인이 많이 보이는 것이었다.

직장생활을 하면서 다양한 노동 현장에서 지적 장애인을 보았다. 회사로 우편물 배달을 한다거나 햄버거 가게에서 포장 일을 담당하는 사람들 중에는 지적 장애인이 꽤 많이 보였다. 덕분에 홍콩에서는 장애인 고용법을 실천하는 곳이 많다는 사실도 알게 되었다. 한국에서 사는 동안 노동자로서의 장애인을 자주 접해보지 않은 나의 경우, 우편물을 배달했다가 자신이 실수한 걸 알고 아이처럼 울음을 터뜨리는 배달원을 보며 처음에는 황당했다. 장애인인 줄 몰랐기 때문이다. 다행히 홍콩인 동료가 간단한 우편물 배달 직에 장애인이 많이 고용된다고 말해주어 상황을 이해하게 되었다. 홍콩인 직원은 이미 장애인이 일하는 모습에 익숙했기에 그 배달원을 잘 달래 보냈다. 크게 감동할 수밖에 없었다. 한번은 교육 기관에 전화를 걸어 문의를 할 때였다. 대답하는 사람이 마치 술에 취한 듯 발음이 좀 미숙했다. 의사소통에 문제가 있는 정도는 아니었지만 취중인가 싶어 조금은 불쾌했다. 막상 그 교육 기관을 방문해서 전화 응대를 했던 담당자를 만나보니 그는 얼굴 근육 장애를 앓고 있는 장애인이었

어린아이처럼 울어도 좋아요

다. 선입견으로 상대를 짐작하고 불쾌해했던 내 감정이 부끄럽고 미안했던 기억이 있다. 이렇게 홍콩에서 살면서 일하는 장애인을 만나는 기회가 많아지다 보니, 처음에는 다소 낯설었던 상황에 익숙해지고 이해하게 되고 자연스럽게 어우러져 살아가게 된다.

홍콩인이 장애인과 자연스럽게 어우러져 산다 해도 장애인을 충분히 이해하는 건 아니다. 한번은 출근길 붐비는 전철역 안에 한 지적 장애인이 타더니 중앙에서 "좋은 아침!"이라고 인사했다. 목소리가 우렁차고 모두를 둘러보며 반복적으로 인사를 하다 보니 주변 사람들이 겁을 먹고 순식간에 그를 피했다. 어느새 그 사람 주변 1미터 반경으로 텅 빈 공간이 생겼다. 그의 모습은 내가 음악심리치료 세션에서 만나는 지적 장애인과 아주 흡사했다. 어쩌면 그 전철 안의 지적 장애인은 자기가 배운 대로 새로운 사람들을 만나서 실천하는 것일 수도 있다는 생각이 들었다. 그가 인사를 반복한 이유는 재활원에서는 누구든지 친절하게 반응을 해주는데 바깥세상에서는 그러지 않아서 누군가의 반응을 기다리기 위해서였을지도 모른다. 같은 세상, 같은 시간 속에 살아가는데 우리 모두는 서로를 너무 많이 모르고 산다는 생각에 슬프기도 했다.

서로 다름을 인정하고 편견을 없애고 이해하며 조화롭게 사는 이상적인 사회에 대해서 학교 강의실에 앉아서 수많은 강의를 들어왔지만 그 어떤 가르침보다 함께 어우러져 살아가는 것을 체험하고 거기에서 얻는 교훈이 가장 가치 있는 배움일 것이다. 물론 보호 시설에서 생활해야 하는 장애인도 있지만, 장애가 있건 없건 모든 사람이 어우러져 살아가는 환경을 장려하는 사회 자체가 모든 이들에게 가장 값진 배움터가 될 것이다. 이런 사회라면 지금보다는 더 나은 세상이 될 테고, 무엇보다 자신이 더욱 행복한 사람이 되어 있지 않을까.

어린아이처럼 울어도 좋아요

# #

부와 행복의 관계

물질적 빈부 차이와 정신적 행복 차이

○

얼마 전 중국, 대만, 홍콩에서는 모르는 사람이 없을 정도로 유명한 가수의 갑작스러운 자살로 사회가 떠들썩했다. 불과 10여 년 전 준재벌과의 초호화 결혼식이 홍콩의 뉴스를 떠들썩하게 장식했고 최근까지 왕성한 활동을 하던 그녀가 갑자기 자살을 했다는 소식을 지인이 문자로 보내왔을 때 가짜 뉴스 아니냐고 반응했는데 사실이었다. 늘 자신감이 넘쳐 보였고, 무대를 삼켜버릴 듯한 강렬한 매너로 유명했던 그녀가 3~4년 전부터 우울증을 앓고 있었다니, 화려한 미소 뒤에 감춰진 어둠의 무게를 누구도 상상하지 못했을 것이다. 어쩌면 자신을 덮친 거대한 고통을 감추기 위해 그녀는 무대에서 스스로를 더욱 불태웠을지 모른다. 공연이 끝난 후 타다 남은 재가 되었을 그녀의 마음을 생각하니 안타깝다. 세션을 진행하기 위해 방문했던 곳을 갈 때마다 그녀의 집을 지나쳤던 기억이 떠오른다. 그녀만큼이나 화려한 궁전 같은 집 내부를 훔쳐보며 단 한 번도 힘들어하는 그녀를 상상해본 적이 없다. 매번 아무 생각 없이 그 집을 지나친 게 지금도 마음 한편을 무겁게 하는 건 그녀의 죽음이 화려했던 삶과 대비돼 내게 더욱 큰 파문을 남겼기 때문인 듯하다.

20여 년 전, 지인의 저녁 초대로 소위 홍콩 최상의 부촌에 위치한 저택을 방문한 적이 있다. 앞의 가수의 집에서 아주 가까운 곳이다. 그때가 나에게는 홍콩 상류층이 산다는 집을 직접 보게 된 첫 경험이었다. 정문에서 집으로 들어가는 길에는 3~4미터 간격으로 제복을 입은 보안 요원들이 서 있었다. 그 짧은 거리에서 내 시야에 들어오는 세 명의 건장한 남성 요원들은 나를 마치 무장한 침입자 대하듯, 내 걸음걸이 하나하나를 뚫어지게 쳐다보았다. 동시에 어느 집

어린아이처럼 울어도 좋아요

을 향해 가는지 무전기로 소통하고 있었다. 당연히 유쾌하지 않았다. 그 큰 울타리 안에 많아야 두세 가구가 있는 듯했는데 내 짧은 동선 안에 세 명의 보안 요원이 있을 정도면 거주민보다 보안 요원이 더 많겠다는 생각이 들었다. 주택들이 아주 널찍널찍, 띄엄띄엄 있는 데다가 자동차로 이동하는 사람들만 보이지, 걷는 사람은 거의 볼 수 없는 동네이건만 그리 과하게 경비를 할 필요가 있을까 싶었다. 지인은 이름만 대면 누구나 아는 대기업에서 아시아 본부 CEO로 재직하다가 퇴직하신 분이었다. 참 좋은 인품을 지닌 분이었다. 시골에서 평범하게 자랐으나 명석한 두뇌와 도전, 노력으로 자수성가했다. 퇴직 전에는 비행기 조종사인가 싶을 정도로 수많은 비즈니스 여행을 다니면서도 건강 관리를 철저하게 했다. 인품이 묻어나는 언행, 어린 시절에 맺은 인연도 소중히 이어나가는 모습 등, 살아가는 그 자체로 가르침을 많이 주는 분이었다. 내가 방문했던 집은 그분의 재력을 그대로 드러냈다. 땅이 귀한 홍콩은 아파트를 사도 주차공간이 주어지지 않는다. 2021년도 홍콩의 인구조사 통계자료에 의하면, 홍콩 1인당 평균 주거 공간은 약 16제곱미터(약 5평)로 일본의 평균 주거 공간 약 20제곱미터 크기보다 작고, 한국의 평균 주거 공간 33제곱미터 절반 정도이다. 자동차 한 대 들어가는 작은 주차 공간도 억대를 지불하고 구입해야 하는 홍콩 땅에서 그분의 집은 추석 때 모인 가족, 친척들 모두 함께 달 구경을 하면서 강강술래를 해도 공간이 남겠다 싶을 만큼 드넓었고 거기다가 복층이었다. 최소열 가구는 충분히 거주할 만한 공간이었다. 그 당시 나는 홍콩에 정착한 지 얼마 안 된 새내기로서 낯선 땅에 적응하는 법을 배우며 살아가느라 홍콩 빈부 격차에 무지했다. 집의 크기뿐만 아니라 집 안 구조, 디자인 등 여러모로 품격 있는 그곳은 지인의 인품과 뛰어난 능력에 상응하는 멋진 집이라고만 생각했지, 홍콩 빈곤층의 거주 공간과의 어마어마한 격차를 전혀 모르고 있었다.

그로부터 2~3년 후, 국제 뉴스에서 홍콩 빈곤층의 열악한 주거 공간을 보도하는 뉴스를 보고 큰 충격을 받았다. 아침마다 달콤한 잠에 취해 벌떡 일어나지 못하는 나는 정신을 차리기 위한 방법으로 뉴스를 켜는 버릇이 있다. 그날도 여느 때와 마찬가지로 단잠에서 깨어나 비몽사몽 겨우 몸을 일으키며 TV를 켰는데, 이 뉴스에 잠이 확 깼다. 침대 하나 들어갈 공간의 방 하나가 철사로 닭장처럼 만들어져서

어린아이처럼 울어도 좋아요

여러 겹으로 쌓여 있는 그곳이 사람이 거주하는 공간이라는 것이다. 그 당시 가격으로는 2층 가격이 월 평균 15만 원이고, 1층은 10만 원 수준이었다. 위층이 1층보다 비싼 이유는 천장이 높아서 일어설 수 있기 때문이라는 이유에도 놀라지 않을 수가 없었다. 1평 남짓은 할까? 이런 집은 "인간 새장human cage" "신발 상자 집shoebox house" 심지어는 "관 집 coffin house"으로 불린다. 그때까지 홍콩에 정착하여 여러 해 살면서 홍콩을 많이 알게 되었다고 생각했는데 나는 여전히 무지한 사람으로 아는 척하고 있었다는 걸 깨달았다. 처음으로 보게 된 빈곤층의 열악한 주거 환경에 많이 놀라며, 그때서야 비로소 홍콩의 빈부 격차에 대한 정보를 찾아보게 되고, 소득의 불균형과 빈부 격차를 보여주는 나라별 지니계수에도 관심을 갖게 되었다. 그 당시 나라별 지니계수 순위에서 홍콩은 최상위층을 차지할 정도로 빈부 격차가 아주 컸고 최근까지도 홍콩 뉴스에서는 이를 큰 문제점으로 지적하고 있다. 그 무렵 경치 좋은 곳에 위치한 지인의 아파트를 방문한 적이 있는데 그곳 월세는 1,000만 원에서 1,500만 원 수준이라고 했다. 2023년 9월, 옥스팜에서 발표한 자료에 의하면, 홍콩 상류층 10퍼센트의 수입은 홍콩 최저 빈곤층 10퍼센트의 57.7배이다. 코로나 이후 차이가 더 커졌다는 통계 결과를 발표했다. 현재보다는 나았던 15년 전임에도 불구하고 내가 실제로 보고 들은 두 거주 공간의 월세를 비교해보면 100배 이상 차이가 난다. 내가 방문했던 집은 최상위 집도 아니었건만 월세 지출이 100배 이상의 차이가 난다고? 이런 수치들을 살펴보다가 문득, 물질적인 빈부 차이로 인해 야기되는 정신적인 행복의 차이는 어떠할지 궁금했다. 이는 정확한 수치로 나타낼 수 있는 것도 아니고 여론 조사를 하더라도 오류의 가능성을 품고 있는 정보이다. 직장생활을 할 때, 이 궁금증은 내가 실제로 보고 느낄 수 없는 과제였지만, 음악심리치료사가 되어서 다양한 계층의 사람들을 만나다 보니, 정보에 그치던 그 차이를 직접 보고 느낄 수 있는 기회가 많아지고 그 경험을 토대로 부의 차이와 그에 따른 행복의 차이에 대한 여러 가지 생각을 하게 되었다.

부와 건강의 정도가 행복에 미치는 영향

○

항암 치료를 받는 여성들을 대상으로 음악심리치료를 진

어린아이처럼 울어도 좋아요

행한 적이 있다. 서로 다른 지역에 있는 센터 A와 센터 B에서 그 지역 회원들을 대상으로 진행을 했다. 음악심리치료에서 참여자들에 대한 사전 조사는 아주 중요하다. 성별, 연령대, 병력, 특이 사항, 유의 사항 등 보호자나 보호 시설을 통해 최대한의 정보를 입수한다. 음악심리치료 세션 계획을 짤 때 고려해야 하는 가장 기본적이고 중요한 요소이다. 정보를 수집한 뒤에는 음악심리치료의 목표를 세운다. 이 목표는 치료사가 정하기도 하지만, 회원들의 상태를 잘 파악하고 있는 센터 측에서 제시하기도 한다. 심리치료사는 그 목표에 맞춰서 세션 계획을 세우는 경우가 많다. 일단 목표가 정해지면, 그에 따라서 어떤 음악을 사용하고, 어떤 요법을 사용할지 심사숙고하여 선택한다. 참여자의 신체 건강에 관련된 전문가의 조언을 구하기도 하고 여러 참고 자료를 찾아보며 세심한 계획을 짜야 한다. 계획한 음악심리치료 요법이 효과가 없다고 판단되거나 세션의 흐름상 변경이 필요할 상황에도 대비해 철저하게 진행 방법, 목록, 순서를 준비한다. 세션 종료 후에는 참여자별로 어떻게 반응했고, 어떤 변화가 있었는지, 앞으로의 방향에 대한 보고서를 세세하게 작성하고 평가한다. 필요하면, 슈퍼바이저나 동료 음악심리치료사들과 사례에 관해 토론하고 조언을 구하기도 한다. 이는 참여자가 음악심리치료로 최대한의 효과를 누리게 하기 위한 과정으로서 개인 정보는 철저하게 보호됨을 원칙으로 한다. 실제 클라이언트를 만나서 세션을 진행하는 시간보다는 세션 전후의 준비, 평가, 토론 시간이 훨씬 더 많이 소요된다.

센터 A와 B에서 받은 클라이언트 그룹에 대한 정보와 요청하는 목표는 동일했다. 항암 치료 중이거나 최근에 항암 치료를 마친 여성 클라이언트 총 25명이고 평균 연령대는 40~50대였다. 센터 측에서 요청하는 목표는 '심신의 안정'이었다. 나는 가장 먼저 항암 치료를 받는 여성들에 대한 전문의의 조언을 구했고, 그들의 일반적인 몸과 심리 상태에 대한 정보, 같은 부류의 참여자들을 대상으로 실행한 음악심리치료 논문 자료들을 찾아보았다. 이러한 정보를 바탕으로 세션을 함께 진행할 음악심리치료사와 충분한 토론을 하며 계획을 짰다. 치료사로서 그간 참 다양한 그룹을 만나보았지만 과거 항암 치료를 받았거나 현재 진행 중인 참여자들을 대상으로는 처음 해보는 터라 사전 준비에 많은 시간을 투자했다.

두 센터에서 암 병력이 있는 여성들을 대상으로 음악심리치료를 진행하며 공통으로 느낀 점은 두 가지다. 첫 번째는 이미 센터를 통해 대충 참여자들의 대략적인 연령대를 파악하고는 있었지만, 30대의 젊은 여성들이 생각보다 많아서 놀랐다. 암에 걸리는 나이가 정해진 건 아니라 해도 젊음 자체를 밑천으로 삼고 마음껏 세상에 도전하고 경험하며 살아갈 수 있는 시기에 암 투병을 하는 모습이 참 안타까웠다. 두 번째로는 그룹 비교 시각에서 보았을 때 암 투병을 하는 사람들이 평범한 사람들에 비해 음악과 자신의 느낌에 훨씬 더 깊고 예민하게 반응했다. 한 예로 세션 중에 아주 부드러운 촉감을 가지고 있는 여러 가지 색의 찰흙을 나눠준 후 음악을 들려주며 만들고 싶은 것을 마음껏 만들어보는 작품 활동 시간이 있었다. 똑같은 음악에 똑같은 활동을 센터 밖의 신체적으로 건강한 사람들의 그룹과 항암 치료를 받는 그룹에 적용하였는데 반응 차이가 컸다. 신체적으로 건강한 그룹인 경우에는 참여자 모두 찰흙으로 자신의 작품을 만드는 일에 열중하고 다 만든 후에는 자신의 작품을 설명하면서 성취감에 기뻐했다. 이 그룹에게 음악은 작품을 만들다가 잠깐, 잠깐 멈췄을 때, 음악에 맞춰 자연스럽게 몸을 흔들면서 쉬거나 혹은 생각을 더 예술적이고 풍부하게 하는 촉매 역할을 하는 데 불과했다. 반면, 항암 치료를 받는 그룹의 참여자들은 찰흙의 부드러운 촉감에 매료되어 주물럭거리며 그 편안한 느낌에 머물면서 음악을 듣거나, 음악 자체에 매료되어 눈을 감고 감상을 하느라 찰흙 작품을 완성해내는 사람은 극소수였다. 이들에게 음악은 배경음악이 아니고 그들의 몸과 마음을 안전하고 편안하게 머물도록 하는 보금자리 역할을 했다. 똑같은 요법이지만 그룹에 따라서 극명하게 다른 효과를 보여주는 걸 관찰하면서 신체의 고통스러운 경험이 삶에 대한 느낌, 가치와 시각을 변화시킨 계기가 되었으리라 짐작했다. 서로 다른 두 장소에 위치한 센터에서 같은 부류의 참여자들을 만나서 느낀 이러한 공통점은 심리 치료사로서 충분히 이해가 되는 점이고, 경험이 많은 치료사라면 예상할 수 있는 사항이다. 그때 나는 암 병력이 있는 클라이언트를 만난 건 처음이었기에 그들의 반응이 새로웠지만 그 후로 암 병력을 갖고 있는 다수의 클라이언트를 만나면서 이와 같은 상황을 종종 재확인하게 되었다.

그때 나로 하여금 많은 생각을 하게 한 건 센터 A와 B 그룹 간의 차이였다. 전혀 예상하지 못한 점이었다. 먼저 방문한 곳이 센터 A였는데, 방문 전에는 암 투병 이력이 있는 여성들이라 심신이 많이 힘들고 우울한 상태가 아닐까 염려되었다. 막상 만나보니 나의 염려가 무색할 정도로 밝고 친절했다. 내가 괜한 편견을 갖고 있었다는 생각이 들었다. 되레 그들이 염려하는 나를 안심시켜주어 주객이 전도된 듯한 느낌까지 들었다. 세션이 진행되는 동안에도 적극적이고 긍정적인 반응을 보여주어 신체가 건강한 사람들보다 더 행복해 보이기까지 했다. 눈을 감고 함께 상상 속의 음악 여행으로 안내할 때는 내가 의도한 대로 다섯 가지 촉감을 민감하게 느끼면서 모두 잘 따라와주었고, 마무리하면서 깊은 의미가 담긴 가사의 음악을 들려주었을 때는 감동으로 기쁨의 눈물을 흘리는 사람들도 있었다. 세션이 끝난 후에는 다수의 참여자가 다가와서는 참 특별한 경험이었다며 친절하게 감사 인사를 하기도 했다. 나는 이 센터 A의 세션이 센터 B에서의 세션 진행에 좋은 지표가 되리라 생각했다. 몇 주 후에 센터 B를 방문했다.

센터 B에서 준비를 끝내고 기다리는데 참여자들이 하나둘씩 들어오기 시작했다. 처음 도착한 참여자는 몸이 경직되어 있고 표정에는 걱정이 많은 듯했다. 그녀의 긴장을 풀어주고자 늘어놓은 악기들을 자유로이 만지고 연주할 수 있도록 안내했더니 아주 잠시 둘러보기만 하고 좌석으로 가 앉았다. 센터 A의 참여자들과 전혀 다른 모습이라 단지 예외일 것이라고 생각했다. 하지만, 다음에 도착하는 참여자들 대부분이 처음 참여자와 비슷했다. 세션에 임하는 자세도 센터 A의 참여자들처럼 적극적이지 않고 구경하듯 소극적이었다. 심지어 한 참여자는 세션 중간에 무언가 마음에 안 드는지 인상을 잔뜩 쓰며 말없이 나가버리기까지 했다. 나중에 다시 불쑥 들어온 그녀와는 대화를 하면서 잘 풀었지만 처음 보는 순간부터 느껴졌던 오랜 시간 축적된 긴장과 불안감이 가시질 않았다. 세션을 마친 후, 센터 A 참여자들과 센터 B 참여자들 간의 크게 다른 모습의 원인은 무엇인지 그룹 간의 정보를 비교하며 골똘히 생각했다.

두 그룹의 병력, 연령대, 성별은 다 같았다. 일부는 가정주부이고, 일부는 직장인의 조합이라는 것도 동일했다. 일부는 수술 후 완쾌되지 않은 불편한 신체 부위가 있었던 점 등 두 그룹의 신체 상태도 거의 동일했다. 두드러진 차이점은 딱 두 가지였다. 세션이 진행된 날짜와 시간 그리고 지역이다. 나는 이 중에서 지역 차가 그룹의 반응이 갈리는 주된

어린아이처럼 울어도 좋아요

요인으로 보였다. 작은 홍콩 땅에서 두 센터는 지하철로 불과 20여 분 거리이지만 생활 수준에서는 현저한 차이가 난다. 센터 B는 센터 A에 비해서 물질적으로 훨씬 풍요로운 사람들이 모여 사는 지역이다. 수입이 많을수록 건강 관리를 잘하고 건강 상태가 좋다는 연구 자료를 쉽게 찾아볼 수 있다. 그런데, 이런 연구 결과와는 달리 왜 상대적으로 부유하지 않은 센터 A의 회원들이 훨씬 더 행복해 보일까? 내가 직접 체험한 풍요로운 지역에 있는 센터 B의 참여자들의 모습은 "암 환자가 되었을 때 물질적으로 풍요로운 사람들이 정신적으로 더 큰 고통을 겪을 수 있다"라는 가설을 세우게 한다.

과연 이 가설이 맞는지 알아보고자, 생사에 큰 영향을 끼치고, 치료가 어려운 병을 겪는 사람들을 대상으로 하여 수입의 정도와 정신 건강의 상관성을 연구한 자료들이 있는지 찾아보았으나 딱 들어맞는 건 발견하지 못했다. 대신, 부분적 연관성이 있는 연구 자료는 있었다. 2015년 노벨경제학상 수상자로 선정된 앵거스 디턴 프린스턴 대학교 교수는 돈과 행복의 상관관계를 연구해 소논문을 발표했다. 2008~2009년 미국 전역 45만 명을 대상으로 갤럽을 통해 설문조사를 했고, 그 결과를 통계 내보았더니, 소득이 높아질수록 삶에 대한 만족도는 계속 높아지지만, 행복감은 연봉 7만 5,000달러(8,500만 원)부터 멈춘다로 나왔다. 연봉이 7,000만 원대까지는 행복감도 높아지지만 8,500만 원 이상을 벌면 연 1억 원을 벌어도 더 행복해지지 않는다는 뜻이다. 부의 정도와 정신 건강이 무작정 비례하는 것이 아니라는 점에 시선이 가면서, 내 가설, 즉 중대 질환에 걸렸을 때 부유한 이가 그렇지 않은 이보다 더 정신 건강이 좋으리라는 보장이 없으며, 되레 더 큰 고통을 겪을 수 있다는 생각이 일면 타당하다는 생각이 들었다. 가령, 물건을 잃어버릴 경우 돈이 많으면 다시 사면 되니 신속하게 그 문제를 해결할 수 있지만 암으로 건강을 잃으면 그 풍요로운 재정 상태가 반드시 도움이 된다는 보장이 없다. 좋은 의료 처치를 받는다 해도, 그것이 완치라는 결과를 안겨준다고 확신할 수 없고, 원하는 만큼 빨리 치료되지 않기 때문이다. 이에 부유한 사람들이 자신의 건강 상태가 호전되기를 기다리는 일이 더 힘들게 느껴질 수 있다. 또한, 여유로운 경제 상황 덕분에 건강하기만 하면 여행, 취미 생활 등 누릴 수 있는 게 많은데 건강에 문제가 생기면 제약을 받으므로 더욱 답답하고

어린아이처럼 울어도 좋아요

우울해질 수 있다. 포기해야 하는 것이 상대적으로 훨씬 많으니 행복감이 급격히 떨어질 것이다.

물론 이러한 생각이 돈이 많아봤자 아프면 더 불행해질 수 있으므로 부의 축적은 무의미하다거나, 부의 불균형 문제가 건강 앞에서는 아무 의미가 없다는 뜻은 아니다. 부유하면 건강을 더 안정적으로 관리할 수 있으며, 좀 더 나은 의료 처치를 받을 가능성이 높아지므로 결과적으로 부의 불균형이 대중의 건강에 미치는 영향도 크다. 실제로 같은 암 환자라도 부유한 이들이 더 오래 산다. 100명 중 14명이 더 오래 산다는 통계도 있다. 건강 문제에서도 발견되는 불평등 문제는 우리 사회와 구성원들이 진지하게 고민해야 하는 문제임이 분명하다. 다만 부유하다고 모두가 건강하지 않으며, 엄청난 부가 사람의 행복과 마냥 비례하지도 않고, 때로는 그 부유함이 당사자의 행복감에 악영향을 미치기도 한다는 사실을 짚어보고 싶은 것이다.

음악심리치료사가 되긴 전, 봉사 활동으로 빈곤층이 사는 지역의 재활원에 방문한 적이 있다. 홍콩의 한 봉사 단체에서 주관하는 "빵 천사bread angel"라는 봉사 활동에 참여했다. 빵 천사라니, 나는 대번에 매력을 느꼈다. 어렸을 적 잠에서 깨우면 심하게 우는 나를 달래기 위해 부모님이 "빵 사 왔다. 빵 먹어라"로 잠을 깨우실 정도로 빵을 과하게 좋아했기 때문이다. 길눈이 어두운 내가 길을 찾을 때에도 기준을 빵집에 둘 정도이니, '빵 천사'가 되는 봉사 활동은 신나는 일이었다. 이 활동은 퇴근 후 저녁 늦은 시간에 시작했다. 홍콩에서 가장 큰 음식 사업을 하는 업체에서 운영하는 체인점들이 영업을 끝내기 직전에 방문해서 유효 기간이 하루 남은 빵들을 수거해야 했기 때문이다. 이 지점들과 봉사를 주관하는 단체가 서로 협력하는 일이라서 지점들을 방문하면 이미 그곳 직원들이 빵들을 모아놓고 기다리고 있었다. 너덧 군데 지점을 돌며 빵을 수거하면 사과 박스로 한두 상자가 된다. 함께 간 자원봉사자들과 빵이 가득 담긴 비닐 가방을 양손에 들고 빈곤 지역의 재활원으로 배달을 했다. 재활원은 대부분 도심에서 멀리 떨어진 곳에 위치하고 있어서 이동 시간이 꽤 걸리지만 처음 만난 자원봉사자들과 대화를 나누면서 이동했기에 그리 멀게 느껴지지 않았다. 게다가 재활원에 도착하면 그곳 사람들이 몰려들며 진심으로 기뻐하고 감사해하는 모습에 피곤을 잊을 정도로 큰 보람을 느꼈다. 주는 사람도 받는 사람도 모두가 행복한 일이었다. 그

래서인지, '빵 천사' 자원봉사 지원자들은 넘쳐나서 두 번의
기회를 얻기가 힘들었다.

그 시절, 주말에는 재정 상태가 아주 좋은 조건의 사람들
만 들어갈 수 있는 고급 실버타운에도 방문했다. 할머니, 할
아버지 들과 두뇌 운동에 도움이 되는 게임을 함께하는 봉
사활동이었다. 할머니, 할아버지 들의 적극적인 참여를 독
려하고자 자원봉사자들을 이끌던 친절한 리더가 자비를 털
어서 게임에서 1, 2, 3등을 차지하는 이들을 위한 선물을 준
비해 간 날이 있었다. 그런데 게임이 끝나고 선물을 받으신
한 할머니께서 선물이 너무 빈약하다며 불평을 하시는 게
아닌가? 그때 나를 포함한 새내기 몇몇 자원봉사자들은 말
문이 막혔다. 더 놀라웠던 건 자주 그곳을 방문했던 봉사자
가 전에도 그런 일이 있었다는 것이다. 한편으로는 꾸밈없
이 솔직하게 마음을 표현하는 그분의 의견을 존중하기도 하
지만, 다른 한편으로는 자비를 털어가며 선물을 준비한 사
람의 시간과 마음을 배려할 줄 모르는 강팍함에 기분이 언
짢아서 그날 이후로 발길을 끊어버렸다. 성숙하지 못한 자
세였다. 지금 그 시간을 돌아보면, 나를 자신의 방으로 초대
하며 친절하게 대해주신 좋은 분들도 있었는데, 그 불평을

늘어놓은 한 분 때문에 매정하게 발길을 끊어버린 것이다. 그 불평했던 분조차 어쩌면 평생 좋은 물건들에 둘러쌓여 산 탓에 선물이라고 하면서 빈약한 물건을 주는 상황이 이해되지 않아 그랬을 수도 있다고 생각되지만, 지금 이 순간 누군가가 나에게 무더운 여름날, 혹은 추운 겨울날 거리를 오가는 빵 천사가 될래, 아니면 에어컨이나 난방 시설이 잘 갖춰진 실내에서 게임 헬퍼가 될래라고 묻는다면 나는 한 치의 망설임 없이 빵 천사를 선택할 것이다.

가진 것이 많아 놓칠 수 있는 행복

o

"아, 또 깊은 산속 옹달샘이구나. 돌아가는 길 택시 잡기 힘들겠네."

부유층이 사는 집을 찾아갈 때마다 드는 생각이다. 다음 세션에 늦지 않기 위해 끝날 시간에 맞춰 택시 예약을 했더니 비용을 두 배로 달랜다. 괘씸했지만 어쩔 수 없었다. 끝나자마자 총알처럼 그 집에서 튀어나와서 날아가야 하는 상황이라 택시가 대기하고 있을 정문까지 걸어가야 할 시간조차 아까웠다. 그런데 세션이 끝나고 나와보니 택시가 떡하니 집 앞에 대기하고 있는 것 아닌가. 그 부촌 내에서 내가 나오는 집이 어딘지 어떻게 알고 기다리고 있었을까. 순식간에 괘씸하다는 생각은 눈 녹듯 사라지고 택시 기사에게 고맙다는 말을 여러 번 했다. 그만큼 그곳은 보완이 철저했고, 택시를 이용하는 사람이 거의 없다는 증거였다. 정문을 지키던 경비가 외부인인 나를 알아보고 택시 기사에게 내 방문처를 알려주었음이 분명했다. 택시가 정문을 통과할 때, 경비에게도 두 손을 모아 감사 표시를 하니 미소를 지으며 고개를 끄덕였다.

그 집을 처음 방문한 날은 어느 겨울이었다. 습도 높은 홍콩의 겨울은 체감 온도가 훨씬 낮다. 한국 겨울에 비하면, 춥다기보다는 비 흠뻑 맞은 몸으로 서늘한 곳에 들어가는 느낌처럼 으슬으슬하다. 날씨 탓이었을까? 집에 도착해서 대문이 열리는 순간 나를 맞이하는 무표정한 헬퍼와 집 안의 모습에 즉시 떠오른 솔직한 생각은 '이 숨 막히는 느낌은 뭐지?'였다. 확 트인 넓은 공간에 철저하게 자로 잰 듯 장식품과 미술품 들이 놓여 있었고 깨끗하게 정돈된 모습에서 빈틈을 찾을 수가 없어서 나는 되레 답답했다. 분명, 훌륭하고 멋진 집이었지만 편안하지는 않았다.

내가 음악심리치료사가 된 후로 달라진 점 하나는 클라이언트를 세션 외의 시간에 만날 기회가 생기면 일상생활에서의 모습을 관찰하는 버릇이 생겼다는 것이다. 클라이언트가 일상생활에서 가족이나 지인, 타인 들과 교류하는 모습, 그 사람이 살고 있는 주거 공간을 잠깐이라도 볼 수 있으면 당사자의 상황을 훨씬 더 잘 이해하게 되고 세션의 효과를 높일 수 있기 때문이다. 물론, 모든 클라이언트의 일상생활과 주거 공간을 관찰할 기회가 생기는 건 아니다. 이런 점에서 심리치료사로서 집을 방문하여 클라이언트와 세션을 진행하는 데에는 큰 이점이 있다. 집을 방문하지 못하는 경우에는 가족 세션을 진행하면 좋다. 클라이언트에게 영향을 미쳤을 가족에 대해서 좀 더 알게 되고, 가족들이 교류하는 모습을 보면 큰 도움이 된다. 가족 세션을 진행했던 경험을 떠올려보면 개인의 특성처럼 그 가족에게만 보이는 고유한 특성이 있다. 한 예로 세션을 준비하면서 음악 한 곡을 들려주었는데 시작된 지 1분도 안 돼서 바꿔달라고 정중하게 요청하는 가족이 있었다. 시작 전 음악에 반응하는 가족은 처음이었기에 아주 인상적인 기억으로 남아 있다. 더욱이 그

어린아이처럼 울어도 좋아요

음악은 대부분의 참여자가 좋아한 곡이어서 그 가족의 반응은 이후 어떤 음악을 사용해야 할지 알려주는 지표 역할을 했다. 실제로, 지표에 따라 선별한 음악으로 세션을 진행하면서 체크한 그들의 심박수를 보면서 그 가족의 음악 변경 요청이 큰 도움이 되었다는 걸 확인했다.

클라이언트와 가족을 이해할 때에 그들이 사는 집의 모습을 관찰하는 것도 도움이 된다. 집의 모습은 가족의 분위기와 성격, 생각을 많이 품고 있다. 첫 방문에서 숨 막히는 느낌이 들 정도로 완벽하게 정리된 그 집도 그 가족만의 문화, 분위기를 다소 보여주는 듯했다. 세션을 함께할 재키의 개인 방 내부는 수학에서 다루는 도형과 각도를 떠오르게 했다. 특히, 책상 위에 놓인 2단짜리 책장에 가지런히 정렬된 책들 중 제일 끝에 비스듬히 꽂힌 책의 각도조차 우연이 아니라는 인상을 주었다. 재키와 자연스럽게 대화하며 그 책을 집어 들고 잠깐 훑어보는 척하고는 똑바로 세워서 다시 꽂았더니 역시나 재키는 엄지와 검지손가락 끝으로 그 책을 살짝 잡고는 섬세하게 움직이며 처음처럼 비스듬히 꽂히도록 각도를 조절했다. 그는 어렸을 적 한 번 보면 모든 걸 기억하는 능력으로 주변뿐만 아니라 가족들도 천재인 줄 알았던 아이였는데 후에 자폐증 진단을 받았다. 내가 만났을 때 30대 중반의 성인이었고 부모님과 함께 거주하고 있었다. 언어로 대화 소통이 원활한 건 아니었지만 느낌으로는 충분히 그와 소통이 가능했다. 함께 세션에 임하며 첫 번째 목표로 했던 건 경직되어가는 몸과 마음의 안정을 도모하는 것이었다. 평범한 사람도 나이 들면서 고집이 강해지는 경향이 있고 몸의 유연성은 많이 떨어지는데, 자폐증 환자들은 그런 경향이 더욱 강하다. 재키의 심신 안정을 위해 그가 추구하는 백 퍼센트 완벽성을 1퍼센트라도 낮추어 느슨하게 조절하는 일은 중요하다. 자폐증 환자를 경험해본 사람이라면 이 1퍼센트의 느슨함이 얼마나 어려운지 수긍할 것이다. 가족들의 말에 의하면, 그는 잘 지내다가도 자신이 정한 규칙을 벗어나는 일이 생기는 경우, 자신의 의도대로 되지 않으면 폭력적으로 돌변해서 자해를 할 때도 있다고 했다. 내가 만났던 자폐증을 앓는 사람들이 흔하게 보이는 증상이다. 재키와 세션을 진행하며 그가 좋아하는 책으로 자극을 주었을 때 그의 표정과 몸에 힘이 들어가며 과격해지는 걸 보면서 폭력적이 될 때 어떨지 대충 예상되기도 했다. 재키는 숫자, 글자, 책을 유난히 좋아했다. 가족 구성

어린아이처럼 울어도 좋아요

원은 여러 세대에 걸쳐 사회에서 인정받는 직업을 가진 사람들이었고, 재키의 뛰어난 기억력, 글과 책을 유난히 좋아하는 성향도 가족 영향일 가능성이 커 보였다.

가족 구성원 중에 한 명이라도 몸과 마음이 아픈 사람이 있다면 집안 분위기에 큰 영향을 미친다. 재키의 가족도 그랬다. 그들은 완벽해 보이면서도 어딘가 모르게 긴장돼 있었다. 그 긴장감이 가족 구성원 중 평생을 평범하게 살아갈 수 없는 재키에 대한 염려로 인한 것인지, 아니면 그 긴장감이 원래 그 가족의 특성으로 이미 존재하는 것인지는 딱 잘라 말할 수 없었다. 그들이 살고 있는 집의 모습처럼 가족의 구성원 중 누군가는 완벽함을 추구하며 평범하지 않게 살았기에 성공하여 큰 부를 축적할 수 있었고 그 결과로 후세대까지 평범한 사람들과는 아주 다르게 풍요롭게 살고 있는 것이다. 위 세대에서 철저함과 완벽함을 추구하고 그 결과로 얻은 부와 특권을 후손들이 더 크게 쌓아 올리지 못할지라도 유지만 하는 것도 큰 노력이 필요하기에 긴장을 풀지 못하는 면이 있을 것이다. 물론 이런 긴장은 행복할 기회나 행복의 질을 저해하는 요소다.

경제적으로 여유가 없는 사람들이 잘 느끼지 못하는 또

다른 긴장이 있다. 건강을 필요 이상으로 염려하는 것이다. 이들은 건강 염려증으로 현재 맘껏 행복하지 못하다. 건강 염려증의 사람들은 몸에 이상이 없는데도 건강을 잃을까 봐 노심초사하고, 몸에 이상이 오면 과민하게 반응하며, 같은 수준의 통증에도 더욱 예민하게 반응하여 아픔을 더 크게 느낀다. 건강 염려증은 먹고살기에 바쁜 사람들보다는 여유로운 사람들에게 더 많이 발견된다. 이들 중에는 건강을 염려하느라 늘 긴장하는 이들이 있는가 하면, 건강을 잃었을 때 비로소 삶에 대해 고뇌하고 깊어지는 계기를 맞이하는 이들도 있다. 해마다 두세 번 정도 만나는 전 직장 동료가 있었는데, 2년 전에 갑자기 달라진 모습에 의아했다. 눈빛이 깊어져 있었고, 말의 톤도 조금 달라져 있었다. 또한, 전과는 달리 쇼핑, 여행, 음식 등 그녀가 유쾌하게 늘어놓던 대화 주제가 건강, 인간관계로 변화된 걸 보며, 무엇이 이 친구를 불과 몇 개월 사이에 이렇게 많이 변화시켰을까 궁금했다. 그 이유를 1년 전에야 알게 되었다. 건강해 보였던 그녀는 2년 전 갑작스럽게 말기 암 진단을 받았고 나와의 만남 후 고국으로 돌아갔으며 1년 전에 생을 마감했다. 바람처럼 순식간에 떠나버린 그녀를 떠올리면 우아하고 재치 있던 말재주에

어린아이처럼 울어도 좋아요

많이 웃던 순간들도 떠오르지만, 무엇보다도 마지막으로 만난 날, 그녀가 준 카드가 어김없이 떠오른다. 그녀는 나에게 처음이자 마지막으로 정성스럽게 "생일 축하합니다"라고 한국어로 쓴 카드를 주고 영영 떠나버렸다. 누군가의 탄생일을 축하하며 삶을 마감하는 사람의 마음은 어떠할까? 그날, 단정하게 땋은 그녀의 머리, 뒷모습은 아직 내가 사는 세상을 떠나지 않고 머물러 있다.

내가 이 책에 언급한 부유층은 아주 소수이기에 그들의 모습으로 부유층 전체를 일반화하기에는 무리가 있다. 또한 부유층에 대한 정의도 사람마다 기준에 따라 다르다. 처음 홍콩에 왔을 때, 홍콩인 친구의 언니 집을 방문하고는 평범한 사람들과는 많이 다른 듯한 모습에 상류층이라고 생각했다. 그러나 같이 갔던 홍콩 친구들이 그 정도의 삶은 중간에서 약간 높은 수준인 상위 45퍼센트 정도라고 평가하길래 의아했다. 홍콩 삶에 익숙해지고 점점 더 많은 사람을 만나며 살다 보니, 지금은 그때 친구들의 평가가 맞다고 수긍하게 된다. 부유층이라고 여겨지는 사람들 입장에서는 그들보다 더 풍요롭게 사는 사람들을 보며 스스로는 부유하지 않다고 생각할 수도 있다. 이러한 요인들을 고려하지 않고 나의 주관적인 시각에서 본 부유함과 행복의 관계를 다음과 같이 말하고 싶다.

가진 것이 많아서 누리는 행복도 있지만, 그렇기에 간과해버리는 소소한 행복이 있고, 또한 가진 것을 지키느라 느끼는 염려와 긴장으로 누리지 못하는 행복이 있다. 그리고 그들이 모르는 행복이 있다. 삶 속에 늘 존재하는 긴장은 심신의 건강을 해친다. 서서히 진행될 때는 잘 보이지 않다가 심각한 상태에 이르러서야 그 긴장이 얼마나 건강을 해쳤는지 알게 된다. 또한, 우리 모두의 삶에는 우리가 모르는 행복이 곳곳에 숨어 있는데 부유층일수록 삶의 변화보다는 지속성을 추구하기에 그들이 모르는 행복은 더 많을 수 있다. 음악심리치료사가 되기 전에는 내 삶에 내가 모르는 행복이 있다는 것조차 몰랐다. 말 한마디 하지 않던 자폐 아이가 갑자기 노래를 함께 부르던 순간, 늘 신경질을 부리던 지적 장애 할머니가 음악에 맞춰 춤을 추던 순간, 대화를 거부하고 내 말을 귀담아듣지 않는 줄 알았던 할머니가 헤어지던 날 내 손을 따뜻하게 잡아주던 순간, 발달 장애로 대화도 어렵고 몸을 가눌 힘도 없어서 침대에 누워만 사는 아이들이 이름을 불러주며 노래할 때면 환한 미소로 응답해주던 순간

어린아이처럼 울어도 좋아요

등 형용할 수 없는 이 행복들이 내가 삶에 변화를 주기 전에는 상상도 못 했던 행복이었다.

삶 자체의 변화뿐만 아니라 보는 시각만 바꾸어도 모르던 행복을 발견하기도 한다. 내가 몸 담고 살아온 사회 구조, 환경이 내가 세상을 인지하는 방식, 즉 사고방식에 영향을 주기도 한다. 그로 인해 놓치는 행복들이 있다. 인도 여행 중에 기온이 40도를 웃도는 암리차르에 머문 적이 있다. 암리차르는 시크교의 성지로 유명한 도시이다. 몸에 불이 붙을 것 같은 날씨 때문에 되레 긴 소매 옷, 긴 치마를 입고 다녔던 곳이다. 그곳에서 길을 걷다가 도로 한복판에서 멈춰선 트럭에서 운전사와 그의 동행자가 자신들의 옆을 스치는 자동차 운전사들에게 생수를 끝없이 건네는 모습을 보았다. 그때 나는 내 일행이었던 인도 친구에게 "와, 생수 엄청나게 잘 팔린다. 여기 생수 한 병에 얼마야?"라고 물었다. 그 순간 친구의 얼굴에 스쳤던 황당해하는 표정을 잊을 수 없다. 생수를 파는 게 아니고 무더운 날씨에 일하는 사람들의 건강을 염려해 그냥 나눠주는 암리차르의 자선 종교 단체라는 것이다. 그들은 날마다 사람뿐만 아니라 날아다니는 새들을 위해서도 주변에 물이 담긴 그릇을 놓는다고 했다. 순간, 생수 가격을 물었던 내가 창피했다. 반면 행복하기도 했다. 자본주의 사회에 물들어버린 나의 시각으로 볼 때, 그들은 장사꾼으로 보였고, 머리는 돈 계산으로 바빴건만, 봉사자라는 걸 알게 되는 순간에는 그들 모습에 뭔가 치유되는 느낌을 얻었기 때문이다.

암리차르에서 새벽에 방문했던 황금사원에서의 경험 또한 내 생애 가장 특별한 순간 중 하나이다. 종교심이 깊은 인도 친구의 권유로 인해 새벽 3시 30분, 졸린 눈을 비비며 일어나 호텔의 첫 셔틀버스를 타고 방문했던 황금사원. 그곳에 들어서는 순간, 발 디딜 틈 없이 수많은 사람이 그냥 땅바닥에 누워서 자는 모습은 말 그대로 충격이었다. 돌도 되지 않은 듯한 어린 아기가 엄마, 아빠 사이에서 잠들어 있는 모습부터 나이 많은 할머니, 할아버지까지 바닥에 아무것도 깔지 않고 불편하게 자는 모습…… 눈에 보이는 모든 사람이 가여웠고 마음이 많이 불편했다. 금빛으로 빛나는 황금사원과는 너무도 대비되는 모습에 화가 나기도 했다. 그들을 밟게 될까 봐 조심조심 까치발로 걸으면서 내가 지금 생지옥에 있나? 아니면, 내가 나쁜 꿈을 꾸고 있나라는 이런저런 암울한 생각만 하다가, 잠깐 멈춰서서 그들을

어린아이처럼 울어도 좋아요

가까이에서 들여다보니 평온한 얼굴로 자고 있는 것 아닌가. 어쩌면 지옥에 있는 사람은 나 혼자이고, 그들은 모두 천국에 있는 게 아닐까 싶었다. 내내 침묵으로 황금사원을 돌아본 후, 호텔로 돌아오는 길에 동행했던 친구에게 내 생각을 말했더니 그녀가 웃으면서 대답했다. "네가 없었으면 나도 저곳에서 땅바닥에서 최소 하룻밤은 잤을 거야. 저들은 땅바닥에서 잠을 잔 게 아니고 사원 안에 존재하는 신의 품에서 잠을 잔 것이거든." 내가 세상을 바라보는 관점과 나도 모르게 형성된 인식이 물질적 풍요를 쌓는 데에는 도움이 되겠지만 실상 마음과 정신은 빈곤해지고 그 결과 삶의 질은 저하되는 건 아닌지, 깊게 생각하게 하는 순간이었다.

평범한 사람에게 부유층이 누리는 행복이 잘 보이지만, 그들의 긴장, 염려, 스트레스는 잘 보이지 않는다. 이는 소위 '폼' 나는 번듯한 직장을 다니지만 스트레스로 심신의 건강이 무너져가는 직장인을 떠올려도 쉽게 이해가 될 것이다. 직장 스트레스로 정신 건강, 신체 건강에 위험 신호가 와도 현재 수입과 물질적인 생활 수준을 포기하지 못하는, 그 결과 겉은 그럴싸하지만 스트레스로 힘들어하는 마음 상태는 가까운 지인이나 가족이 아니면 잘 보이지 않는다. 자극을 받으면 반응하는 것이 인간의 본능이듯, 주변에 보이는 게 많으면 그것에 집중하게 되고, 그러다 보면 그것을 갖고 싶게 마련이다. 그 욕망을 채우기 위해 살아가느라 매일매일 일상에서 느끼는 소소한 행복의 가치를 생각할 겨를이 없어지고, 그럴수록 행복의 차이는 빈부의 차만큼 커 보이고 자신은 더 초라하게 느껴질 것이다. 행복의 가치를 보여지는 행복보다는 잘 보이지 않는 소소한 행복들로 조금만 더 움직여보고, 삶 곳곳에 숨겨져 있는 아직 발견하지 못한 행복들을 찾아보려고 한다면 빈부의 차이만큼 행복의 차이는 그리 크지 않고 작지만 소중한 행복의 순간들을 능동적으로 만들어갈 수 있지 않을까.

며칠 전 택시 기사님과 나눈 대화다. 요즘 홍콩 경기가 안 좋다는 말을 시작으로 기사님께서 이야기를 하셨다. 홍콩의 한 회사에서 대표의 운전기사로 수년간 안정적인 직장을 다녔는데 55세가 넘으니 퇴직을 권고받아 그만두어야만 했다. 안정적인 직장을 나오고 힘들었지만, 어느새 택시 기사일을 시작해서 2년째라고 하셨다. 매일 아침 5시 30분에 회사로 가서 택시를 대여받는 일로 하루를 시작한다. 택시 사용비, 기름값을 제외하면 하루 수입이 얼마 되지 않고 전 직

어린아이처럼 울어도 좋아요

장의 고정 수입에 미치지 못할 때가 많지만, 아이들이 건강하게 잘 컸고, 욕심 부리지 않고 사니 누구에게도 구애받지 않고 자유롭게 출퇴근하는 삶에 만족하고 행복하다고 하셨다. "리자청(아시아 최고의 홍콩 재벌)이 아무리 돈이 많으면 뭐 해? 나는 언제 어느 때고 어디든 자유롭게 가고 싶은 곳에 갈 수 있는데, 리자청은 경호원들을 늘 달고 다녀야 하고 나처럼 자유롭게 다닐 수 있겠어? 그리고 태풍 심하게 부는 날은 다들 집 밖에 나가지 못하고 할 일 없이 집에만 앉아 있는데 돈 넘쳐나는 리자청이랑 가난한 나랑 뭐가 달라?"라며 껄껄 웃는 그분의 넉넉한 웃음소리가 지금도 내게 진한 여운으로 남아 있다.

신체 건강 관리 측면에서, 부유함은 상대적으로 좋은 것이다. 그러나 애석하게도 모두가 넉넉한 환경에서 살도록 이 사회가 설계되지 않았고, 경제적 불평등이 어느 날 일시에 해결되는 간단한 문제는 아니다. 그렇다면 우리의 마음과 생각을 잘 다스려보는 것도 개인 차원에서 해볼 수 있는 일이 아닐까.

3

생활 속 음악심리치료 요법

# #

같은 음악 다른 반응

진정음악과 각성음악

°

    사람에 따라 음악 취향이 다르다는 말은 너무도 지당한 소리라 식상하게 들릴 수 있다. 주변 사람들만 둘러보더라도 자신과 다른 음악 취향을 가진 사람을 찾는 건 어렵지 않다. 좋아하는 음악이어도 듣는 시간이나 환경에 따라서 기분이 달라진다는 것 또한 별스러운 얘기가 아니다. 음악심리치료 세션을 진행하기 전, 클라이언트 혜영의 음악 취향을 알아보기 위해, 좋아하는 음악이 무엇인지 질문을 받았을 때 바로 떠오르는 음악 세 가지를 보내달라고 했다. 그중에 〈Time to say goodbye〉가 있었다. 혜영과 첫 음악심리치료를 진행한 시간은 오전 10시였는데 첫 곡으로 이 음악을 들려주었더니 얼굴을 찡그리며 자신이 좋아하는 음악이지만, 아침에 듣는 건 불쾌하다고 직설적으로 불평을 했다. 내가 이 음악을 들려준 이유는 음악심리치료 세션실로 들어오는 순간부터는 정신없이 바쁜 엄마, 아내의 역할과는 완전히 '바이 바이bye bye'를 하고 순전히 자신으로 돌아오라는 취지였다고 하니 그렇다면 기분이 좋아진다면서 활짝 미소 짓곤 다시 음악을 즐겼다. 이렇듯, 좋은 의미를 부여하면 그 음악을 듣는 기분이 달라진다. 그러나, 같은 음악을 들으면서 그때의 기분, 개인적 취향 차이가 아니라 신체의 반응 차이, 음악을 들으면서 떠오르는 영상의 차이를 살펴보는 건 흥미롭지 않을까? 이러한 차이들은 클라이언트의 신체 건강과 정신 건강에 중요한 역할을 하므로 음악심리치료사들이 민감하게 관찰하여 치료 과정에 적절하게 적용해야 한다.

음악은 인간의 심장박동, 혈압, 호흡뿐만 아니라 피부의 전기 반응에도 영향을 미치며 두뇌에서 감정을 조절하는 중심부를 자극하여 신체상태를 변화시키는 신체 화학적 반응도 일으킨다. 음악이 신체반응에 영향을 끼칠 때 상반된 차이를 보여주는 두 가지 음악 형태가 있다. 심리적 안정에 도움이 되는 진정음악sedative music과 반대로 감정을 자극하여 각성 상태를 높여주는 각성음악arousal music이다. 진정음악은 곡의 흐름이 잔잔하고 부드러우며 큰 변화 없이 규칙적이고 반복적이어서 금방 따라 부를 수 있다. 진정음악의 비트는 인간이 휴식을 취할 때 1분당 평균 심장박동수인 60~90에 가깝다. 각성음악은 진정음악과는 정반대로 곡의 흐름에 변화가 많고 박자도 빠른 경우가 많으며 다양한 음악 요소, 악기들의 활용으로 감정을 자극하여 피곤하거나 우울한 상태에 있는 사람들의 심리 상태를 조절하고 그 결과로 각성 상태를 높여준다. 이 두 가지 음악 분야의 효과에 대한 차이를 뒷받침하는 연구에서는 심전도 반응 차이를 뚜렷하게 보여준다. 대부분의 사람은 각성음악을 들으면 심장박동이 빨라지면서 안정 상태를 벗어나지만, 진정음악을 들으면 심장박동이 느려지면서 안정되는 반응을 보인다. 내가 만난 대부분의 클라이언트도 그러했지만 예외도 있다.

40대 중반의 예지는 평생 무용을 했다고 해도 과언이 아니다. 걸음마와 함께 무용을 시작했고, 모국을 떠나 해외 댄

어린아이처럼 울어도 좋아요

스 전문 학교를 졸업 후 전문 댄서로 활동했다. 현재는 꽤 규모가 큰 무용 학원을 운영하는 원장님이다. 학원 운영이 원활하지 않은 시기에 예지는 몸과 마음이 많이 지친 상태에서 요가&음악세러피 세션에 참석을 희망했다. 여느 댄서들처럼 몸이 아주 유연했지만 어깨와 허리 통증을 호소했다. 요가 지도자 양성 과정 중, 인도 의학인 아유르베다를 전공하신 선생님 강의에서 신체 통증별로 심리적 원인과 연결하는 차트를 접한 적이 있다. 어깨 통증은 심리적 압박감, 허리 통증은 금전적인 걱정과 상관관계가 높다는 내용이었다. 물론 어깨와 허리 통증을 겪는 모든 사람이 이러한 심리적 원인에 있는 건 아니겠지만, 예지라면 그럴 수도 있겠단 생각이 들었다. 예지의 몸은 유연했으나 스트레스를 받는 상황에 놓여 있으니 말이다.

대화를 나눠보니 예지가 절실하게 원하는 건 단 하나, 심신의 휴식과 안정이었다. 허리 통증을 완화하는 스트레칭과 혈액 순환이 잘되면서 기분 전환이 되는 몇 가지 요가 자세들로 몸의 긴장을 먼저 풀어주었다. 누운 자세에서 복부 호흡을 통해 그가 좀 더 편안해지도록 유도하니 호흡이 깊어지고 느려지면서 잘 따라와주었다. 바로 그 안정된 상태를 유지하게 하고 더 깊이 휴식을 취할 수 있도록 진정음악을 들려주었다. 그 음악은 내 세션에 참석한 많은 클라이언트가 안정 효과에 좋다면서 음악 링크를 보내달라고 요청하는 곡이었다. 그러나, 예지는 이 진정음악을 듣자마자 갑자기 호흡이 빨라지는 게 아닌가. 예상하지 못한 반응에 나는 즉시 음악을 멈추고 무슨 생각을 하는지 물어보았다. 예지는 눈을 감은 상태에서 전혀 움직임 없이 가만히 누워 있는데 자신의 생각 변화를 내가 감지했다는 사실에 놀라워하며 대답하였다. 음악이 나오기 전에는 편안해지고 졸음이 몰려오면서 반수면 상태가 되었는데 음악이 흘러나오는 순간, 졸음에서 깨어나 상상 속에서 춤을 추기 시작했다는 것이다. 예지는 장르에 상관없이 어떤 음악이든 듣는 순간 그 음악에 맞춰 상상 속에서 춤을 추기 시작하는, 자신도 인지하지 못하는 습관이 있었던 것이다. 오르골의 뚜껑을 열면 음악이 흘러나옴과 동시에 중앙에서 아름다운 무용복을 입은 댄서가 360도 회전하며 춤을 추듯, 예지에게 모든 음악은 몸의 모든 세포를 깨어나게 하고 춤추게 하는 것이었다. 많은 연구에서 입증된 안정과 수면에 도움이 된다는 진정음악조차 예지에게는 호흡과 심장박동을 자극하며 되레 안정을 방

어린아이처럼 울어도 좋아요

해하는 것이었다. 예지에게 몸과 마음의 안정에 도움이 되는 음악 요소는 침묵이었다. 그녀가 상상 속에서 춤을 추는 속도를 음악으로 맞춰주고 서서히 조절할 수 있게끔, 다시 조금 빠른 음악으로 돌아간 후 서서히 진정음악으로 변화시켰다. 진정음악을 들으면서도 상상에서 춤을 추고 있을 예지에게 춤을 마무리할 수 있도록 볼륨을 천천히 줄여주면서 음악을 멈추니 예지는 스르르 편안하게 잠이 들었다.

　일반인에게는 아주 자극적일 법한 각성음악이 안정을 주는 사례도 있다. 외향적이고 매사에 적극적인 제이슨은 자신의 회사를 운영하는 CEO다. 하루 24시간이 모자랄 정도로 다양한 일을 하는 제이슨은 끊임없이 이어지는 새로운 아이디어와 계획으로 꿈속에서조차 사람들을 만나서 일을 하는 자신을 종종 발견한다고 했다. 음악을 아주 좋아하는 제이슨은 악기 연주도 프로급이었다. 놀라울 정도로 음악 지식이 풍부했고, 나라별 전통 음악에까지 조예가 깊어 다수의 희귀 앨범을 소장하고 있었다. 그런 제이슨에게 진정음악은 첫 몇 소절만 어떤 음악인지 호기심이 생길 뿐 이내 지루하게 느껴졌다. 단조롭고 차분하게 반복되는 멜로디와 리듬은 안정을 주는 게 아니라 따분하게 느껴져 끊임없이 이어지는 생각들로 돌아가게 했다. 제이슨이 복잡한 생각에서 벗어나 음악을 즐기며 휴식을 취할 수 있게 하는 건 박자나 곡조 등 여러 음악 요소에 끝없이 변화가 가미되는 각성음악이었다. 박자와 심장박동수가 비슷할 때 안정 효과가 있다고 하지만, 제이슨에게는 심장박동수가 아닌 생각의 속도와 변화에 맞는 각성음악이 안정을 주는 아주 독특한 사례였다. 제이슨에게 각성음악은 복잡한 생각에서 벗어나게 한 후 음악에 흠뻑 빠져들게 하였다. 마치 각성음악에 두뇌 마사지를 받는 듯, 바쁜 일상에서 마침내 벗어나 편안한 표정으로 재충전을 즐기는 듯하였다.

악기에 대한 반응도 다양하다. 차분히 음악을 잘 듣다가도 바이올린 소리가 나오면 갑자기 숫자 계산이 하고 싶어 심장박동 수치가 올라가는 경우가 있었다. 피아노에 익숙한 사람들은 피아노 음악이 나오면 자신도 모르게 마치 피아노를 치듯 손가락을 움직이는 경우가 많다. 성악 공부를 하는 소냐는 성악곡이 흘러나올 때 예민해진다. 전문 연주자인 케빈은 자신이 연주하는 악기 소리가 많은 사람에게는 안정을 주는 음색을 지녔음에도, 정작 자신은 그 악기의 연주가 들어간 곡이 나오면 예민해졌다.

어린아이처럼 울어도 좋아요

재활원에서 만난 신체적, 정신적 장애를 겪고 있던 60대 초반의 한 여성은 소리에 무척이나 예민해서 원하지 않는 소리에는 신경질적인 반응을 자주 보였다. 사람의 음성에도 민감해서 이 여성과는 대화 없이 피아노로 진정음악처럼 즉흥적 연주를 해주며 소통했다. 음악으로 공감대가 형성되는 순간에 이분은 흔들의자에서 쉬듯, 편안하게 음악에 맞춰 몸을 흔든다든지 박자에 맞춰 발을 까딱거리곤 했다. 피아노 소리를 좋아했지만 가장 낮은 음역대의 2옥타브 영역의 소리만 좋아했지, 그 이상을 넘어가면 정확하게 감지해 얼굴을 찡그리며 반응하곤 했다. 그러한 반응이 심각할 때에는 마치 통증을 겪는 듯이 보여서, 이분에게는 음의 영역대가 심장박동이나 호흡에만 영향을 주는 게 아니고 피부 전기 반응이나 두뇌에 자극하여 신체의 화학반응에도 크게 작용하고 있으리라 짐작하게 했다.

음악은 우리가 생활에서 자연스럽게 접하는 요소인 만큼 평소 자신이 어떤 음악에 어떤 반응을 하는지 의식적으로 자각해보는 것도 자기 자신을 알아가는 데에 도움이 될 것이다.

개개인에게 내재된 고유한 치유의 힘

°

같은 음악에 대한 개인 차이뿐만 아니라 그룹 간 차이도 있다. 두 그룹이 거의 같은 상황에서 똑같은 음악을 접했지만 한 그룹은 피로를 회복한 반면, 다른 그룹은 오히려 에너지가 고갈된 듯한 반응을 보였다. 그룹 구성원들이 같은 음악을 들으면서 음악이 안내하는 대로 마음껏 자유롭게 영상을 떠올리는 소위 음악 여행을 하는 경우에는 그 누구도 같은 영상을 떠올리지 않았다. 성악가 조수미의 〈보칼리제〉를 들으며 상상 속에서 쫓기는 사람이 있는가 하면, 양탄자를 타고 하늘을 날아다니는 사람이 있고, 무대에서 마음껏 노래를 부르는 사람도 있고, 떠오르는 영상이 전혀 없어서 음악 자체에 집중하는 사람이 있다. 혹은 편하게 잠이 드는 사람도 있다. 비슷한 집단이 모인 그룹은 비슷한 공간을 떠올리지만 구체적으로는 다르다. 요가 지도자들을 대상으로 잔잔한 음악을 들려주며 편안하게 쉴 수 있는 공간을 떠올리라고 하니, 참석자 모두가 외부의 자연 공간을 떠올렸다. 구체적으로는 바닷가, 산, 정원, 경치 좋은 여행지들을 떠올렸다. 요가 지도자가 아닌 경우는 자신의 방, 거실, 좋아하는 물건이 있는 곳, 심지어는 일하는 사무실 등 내부 공간인 경우가 많았다.

같은 음악이지만 다른 개인 차, 특히 상상 속에서 음악 여행을 하는 경우에는 단 한 순간도 같은 영상을 떠올리는 이들을 찾아볼 수 없다. 한 사람, 한 사람이 느끼는 음악에 대한 여러 차이와 음악을 통해 보는 상상 세계의 유일함은 개개인이 얼마나 고유한 존재인지 보여주는 아주 좋은 예이다. 전 세계 인구가 약 80억 명이지만 같은 얼굴은 없다. 일란성 쌍둥이일지라도 구분된다. 개개인의 얼굴이 다르고 유일하듯, 그 사람의 가치도 유일하다. 하나뿐이라는 건 비교 대상이 없다는 말이다. 그 자체로 가장 고귀하고 숭고하다. 그 사람에게 내재하는 치유의 힘 또한 유일하고, 그 힘은 바로 유일한 나 자신을 위한 것이다. 주변인은 도와주는 역할만 할 수 있지 치유해줄 수는 없다. 내 몸이 아프면 의사와 주변 사람들의 도움을 받지만 결국 회복하는 주체는 내 몸과 마음이다.

개인적으로는 음악심리치료사의 역할은 음악을 통해 자신의 유일한 가치를 깨닫고 내면에 존재하는 그 유일한 치유의 힘을 만나도록 돕는 일이라고 생각한다. 치유의 힘을 만난 존재는 그 자체로 부족함과 흔들림이 없는 행복의 완전체가 된다. 장애가 있든 없든, 돈이 있든 없든, 사회에서 요구되는 재주가 있든 없든, 보편적인 잣대로 개인차를 비교하는 게 아니라 음악에 대한 개인의 취향과 반응의 차를 이해하듯 한 사람, 한 사람의 개인차가 인정되고 존중되는 건강하고 품격 있는 사회를 함께 만들어가길 희망해본다.

어린아이처럼 울어도 좋아요

문화 차이를 고려하는 음악심리치료

사회문화적 차이를 고려한 음악 여행

。

음악심리치료학과에 지원하기 전, 정보 수집 과정 중 한 대학에서 특정 분야의 경력이 많은 미국 심리치료사를 초청하여 개최된 강의에 참석했다. 60여 명 정도의 참석자들로 강의실이 꽉 찼다. 그 대학에서는 신설한 학과를 홍보하기 위해 다양한 분야의 심리치료사들을 해외에서 초청하여 강의를 개최하곤 했다. 처음 참석한 강의였고 경력이 많은 전문가라 하여 기대가 컸다. 활기 넘치고 긍정적인 에너지로 시작되는 강의에 쏙 빨려드는 듯했는데 강사가 좀 더 실감

나게 강의를 하기 위해 제시한 예제에 나는 되레 크게 실망
했다.

"모두 눈을 감고 운전하는 상상을 해보세요! 자, 이제부
터 운전 시작됩니다. 부릉 부릉 부릉!"

자가 운전자 비율이 전체 인구의 90퍼센트에 육박하는
미국에서는 실감 나는 예제일 수 있지만 개인 차 소유율이
약 10퍼센트대인 홍콩에서는 결코 적절한 예제가 아니었다.
참석자 60여 명 중 대체 몇 명이나 운전을 해본 경험이 있
을까 의아했다. 그 강사는 리듬까지 타며 운전하는 몸짓에
자동차 소리까지 흉내 내며 신이 나서 강의를 이어갔다. 눈
을 감은 참석자들은 상상 속에서 직접 운전을 하는 게 아니
고, 그 강사 차에 동승하거나 TV 속 자동차 질주를 관람하
는 수준이었을 것이다.

호주에서 온 또 다른 음악심리치료사가 강의 중에 눈을
감고 평화로운 어느 날 오후, 집 현관에 도착한 후 주방으로
들어가는 상상을 하라고 했다. 주방에 들어가서 주변을 찬찬
히 둘러보다가 탁자 위에 놓인 레몬을 발견하면 과도로 자
르라고 했다. 상상 속에서 집 현관에 도착하여 주방으로 들
어가는 건 문제없었지만 주방에서 주변을 둘러보다가 탁자

를 언급한 부분에서 나는 이미 집중할 수가 없었다. 홍콩의 평범한 가정의 주방 구조를 아는 사람이라면 모두 십분 이해할 것이다. 헬퍼와 함께 사는 가족들이 흔하고 헬퍼가 쉬는 공휴일에는 외식 문화가 거의 일상화된 홍콩에서는 주방일을 해보지 않은 사람이 흔하다. 홍콩에서 중산층의 평범한 가정 대부분의 주방 크기는 헬퍼 혼자서나 자유롭게 왔다 갔다 할 수 있는 협소한 공간일 뿐 탁자를 들일 수 없는 경우가 대부분이다. 주방을 떠올리면 답답한 느낌이 들지 평화로울 수가 없다. 나중에 눈을 뜨고 각자 상상 속에서 본 주방의 모습을 설명하는데 가관이었다. 상상 속에서 주방을 들어가는 순간부터 헬퍼만 보였다는 사람이 있는가 하면, 주방일을 전혀 해보지 않은 사람은 탁자 위의 레몬을 칼로 자르다가 손가락을 다쳤다고도 했다. 현재 사는 홍콩 집 주방은 답답해서 상상을 멈췄다가 과거에 다른 나라에서 거주했던 주택의 주방을 떠올리니 상상을 지속할 수가 있었다는 사람도 있었다. 홍콩의 주거 문화를 전혀 인지하지 못하고 있던 그 강사는 참석자들의 반응에 다소 당황스러워했다.

심리치료사들은 새로운 클라이언트와 본격적인 치료에 들어가기에 앞서서 충분한 정보를 수집하고 그 정보를 바탕으로 신중하게 치료 요법을 선택하여 계획을 세운다. 위 두 경우의 강사들은 전문 심리치료사로서 자신을 찾아온 클라이언트들을 대하듯 강의에 참석한 다른 문화권의 참석자들에 대한 정보를 사전에 수집하고 강의 내용의 예제들이 참석자들에게 적절한지 점검해보지 않았다는 점에서 아쉬움이 컸다. 또한, 심리치료 자격증 취득 수련 과정에서 다른 문화권의 클라이언트들에 대한 이해와 포용을 참 많이 강조하는데도 불구하고, 전문가인 그들이 그 점을 섬세하게 배려하지 못한 부분은 크게 실망스러웠다. 이는 그들의 자질이 부족해서라기보다 어쩌면 심리치료학이란 학문이 서양에서 시작되고 정립되었기에 그 생활문화적 경험에서 더 나아가지 못한 데서 오는 한계와 오류일 수 있다. 딴에는 그 강사들도 자신들이 사는 지역에서 가장 반응이 좋았던 예제를 심사숙고해 골랐는지도 모른다. 그것이 다른 문화권에서는 통하지 않았을 뿐이다. 안타까운 일이다. 조금만 생각해보면, 애초에 서양 학문의 기본 틀은 동양적 문화와 감성을 포함하고 있지 않다는 점을 고려할 수 있었을 것이다. 토양마다 특질이 달라 잘 자라는 식물이 다르듯, 동양과 서양의 생활문화적 특징에는 제법 큰 차이가 있으므로 음악심리치료

같은 정교한 일을 진행할 때에는 현지 특성에 맞게 이런저런 요소를 세심하게 변주해줄 필요가 있다. 그럴 때 이 학문이 더욱 발전하는 것 아닐까.

앞장에서도 GIM 기법을 언급하였지만, 음악심리치료 요법 중 1970년대 미국의 바이올린 연주가였던 보니 헬렌Bonny Helen에 의해 수립된 BMGIM Bonny Method of Guided Imagery Music 기법이 있다. 다시 간단하게 설명하면, 음악을 들으며 상상 속에서 자신의 내적 세계를 깊이 여행하고 탐구하면서 치유 효과를 보는 요법이다. 이 기법은 소위 음악 자체가 심리치료사가 되고, 심리치료사는 안전하게 음악 여행을 할 수 있도록 클라이언트의 반응을 세밀하게 관찰하고 지속적인 대화를 하면서 보조하는 역할을 한다. '안전한' 음악 여행이라는 말이 생소할 수 있지만 이해를 돕기 위해 내가 만난 클라이언트들이 보인 안전하지 않았던 사례를 소개한다. 음악 여행을 하다가 추위를 심하게 느껴 손이 급격히 차가워지면서 불편함을 호소한 경우가 있다. 오랫동안 묻어두었던 느낌이나 새로운 발견으로 감정을 조절하지 못하는 경우도 종종 있었다. 상상 속에서 극심한 외로움 또는 공포로 가위에 눌린 듯한 반응을 보인 경우도 있다.

BMGIM에 기본적으로 사용되는 다섯 가지 클래식 음악이 있다. 이 음악은 BMGIM을 수립한 보니 헬렌이 선택한 음악이다. 편안한 자세로 눈을 감고 약 40분 동안 멈춤 없이 순서대로 이 음악을 들으며 떠오르는 영상들을 설명하며 치료사와 대화를 주고받는다. 이 기법을 함께 공부하는 홍콩 친구들과 클라이언트와 치료사의 입장을 모두 경험한 적이 있다. 클라이언트로서 경험을 할 때, 개인적으로는 처음으로 접하는 음악을 통한 내적 여행이었고 생각지 못한 것들을 발견하는 가치가 있었다. 치료사 입장에서 홍콩 친구들의 반응을 볼 때는 이 기법에 기본적으로 사용되는 음악의 문제점을 발견했다. 처음 네 가지 음악에는 홍콩 친구들 모두 음악에 민감하게 반응하며 서로 다른 내적 세계로 깊이 들어가는 듯했다. 그러나 마지막 음악에서는 하나같이 학교로 돌아가서 교실 환경을 묘사하고 학창 시절을 얘기하는 게 아닌가?

　음악이 다 끝난 후 자신의 체험을 설명하는 과정에서 그 이유를 알게 되었다. 음악이 문제였다. 한국의 수능 시험처럼, 홍콩 학생이라면 일제히 치러야 하는 중요한 듣기 평가 시험이 있다. 그 시험에서 대기할 때 흘러나오는 곡이 바로 그 다섯 번째 음악이었던 것이다. 미래의 삶에 지대한 영향을 끼치는 중요한 듣기 평가 시험 직전 흘러나오던 이 음악은 자동으로 학창 시절 교실이나 긴장감이 가득한 시험장으로 돌아가게 했다. 이러한 음악의 연상작용 효과가 그들에게는 BMGIM 기법 적용 시, 내적 음악 여행을 방해하는 요소가 되었다. 그렇다면 치료사인 나는 아무리 창시자의 선정 곡이라 해도 홍콩 사람들에게 음악심리치료를 진행할 때에는 응당 이 다섯 번째 음악을 변경해야 한다. 이처럼 조금씩, 조금씩 상황에 맞추어 변경해나가다 보면 어쩌면 서양 문화를 배경으로 수립된 이 BMGIM 기법의 기본 음악 틀이 흔들릴 수 있고 먼 훗날에는 흔적으로만 남을지도 모른다. 치료의 메커니즘만 유지된다면 형식이 뒤바뀐들 무슨 문제가 될까.

심리치료라는 분야는 클라이언트가 자란 환경, 문화적 배경이 아주 중요한 요소이다. 음악심리치료 공부를 시작할 때는 마냥 흥미롭기만 했지만, 공부와 실습을 병행해나가다 보니 서양 문화에서 자란 교수들과 동양 문화에서 자란 학생들의 문화 차이로 인해 매끄럽게 채워지지 않는 틈을 종종 발견하곤 했다. 특히, 클라이언트와 치료사 간에 지켜야 할 윤리학 수업 중 제시된 예제에서 문화 간의 차이가 더욱 크게 느껴졌다. 클라이언트가 카페에서 차 한잔하자는 제안을 치료사가 받아들이는 예제에 대해 부정적인 견해를 피력하는 교수와 그게 왜 안 되느냐고 묻는 동양 학생들 반응은 참 흥미로웠다. 교수는 심리치료 시간 외에 클라이언트와 사적인 시간을 갖는 행위는 객관적 판단을 할 수 있는 공적 거리 유지에 방해가 된다고 했다. 반면, 동양 학생들은 차 한 잔하자는 친절한 제안을 거절하는 게 어쩌면 클라이언트로 하여금 거리감을 느끼게 하여 대화가 단절될 수 있기도 하고, 카페에서 차를 마시며 편한 분위기에서 나누는 대화를 통해 클라이언트를 더 잘 이해할 수도 있다는 견해에 동의를 하였다. 서로 다른 문화에 대해 충분한 대화를 하고 이해력과 포용력이 발휘되면 메울 수 있는 틈이 있기도 하지만, 결코 채워지지 않는 경우도 있다. 마치 배부르게 먹고도 뭔가 채워지지 않는 허기처럼 음악에 있어서는 더욱 두드러지게 보이는 문화적 차이점들이 있다. 이렇게 메워지지 않는 틈에 대해서는 있는 그대로 받아들이고 존중하는 게 중요하다. 삶에서 필연적으로 겪어야 하는 성장 과정, 노화 과정, 생사 과정을 받아들여야 하는 것처럼 말이다. 음악심리치료

어린아이처럼 울어도 좋아요

요법들은 수학 공식처럼 사용하지 않기에 기본 틀을 이해하되, 그 틀 밖에서도 해법을 찾는 유연하고 창의적인 자세를 갖추어야 한다. 만약 당신의 심리 치료사가 틀 안에 갇혀 있다는 느낌이 들면, 다른 치료사들을 만나면서 자신에게 맞는 이를 찾아 다녀보는 것도 좋다. 누군가는 시간 낭비, 돈 낭비라고 할 수 있겠지만 맞는 치료사를 찾아가는 과정 자체가 같은 요법이어도 치료사에 따라 다르게 적용되어 풍부한 경험을 하게 되고 그로 인해 더 건강한 자아를 발견하게 되는 계기가 될 것이다.

음악에 대한 동양과 서양의 반응

。

아기들이 흥겨운 음악을 들으면 그 음악에 맞춰 자동으로 몸의 일부 혹은 온몸을 흔들거나, 함께 소리를 내어 노래하는 모습을 흔히 본다. 이처럼, 음악을 듣고, 느끼고, 음악으로 표현하고 반응하는 '음악성'은 인간의 본능이라고 한다. 음악성의 변천에 대해 논리적으로 전개한 글을 흥미롭게 읽은 기억이 있다. 애초에 모든 인간이 음악을 들으면 리듬에 맞춰 자연스럽게 몸을 흔들기도 하고, 삶 속에서 감정을 노래로 표현하며 살았다고 한다. 그러나, 천재 클래식 거장들의 등장이 많은 사람에게 음악 표현 능력에 대한 상대적 열등감을 유발했고, 이것이 음악적 표현 욕구를 위축시킨 반면, 듣고 즐기는 음악성의 본능은 대중화했다는 것이다. 이로 인해, 청중이 기하급수적으로 증가하고, 더 나아가서는 미래의 음반 사업이 번창하게 되는 계기가 되었으며, 결국 생활 속의 음악이 상업화되었다는 이론이다. 참, 흥미로운 분석이다.

여기서 음악심리치료사의 관점에서 주목하게 되는 점은 대중화가 된 관객 집단의 음악에 대한 반응이다. 동양의 아기이건, 서양의 아기이건 음악에 대한 반응은 비슷하다. 그러나 성인 관객의 반응은 동서양이 확연히 다르다. 흥겨운 음악이 흘러나오면 서양인의 반응은 동적인 반면, 동양인의 반응은 정적이다. 이 차이는 어디서 온 것일까? 음악이 대중화되는 과정에서 동서양의 서로 다른 문화와 감성의 요소가 가미되었고, 이것이 반응 차이를 불러온 것 아닐까?

바로 이 음악에 대한 반응 차를 두고 실습 중 나의 문제점을 발견한 적이 있다. 강의실에서 배운 이론만 맹신하고 문화 차이를 충분히 배려하지 못해서 생긴 상황이었다.

홍콩의 재활원에서 생활하는 한석은 지적 장애와 경미한 자폐 증상이 있었다. 재활원에서 생활하는 사람들은 원내 규칙에 따라 살도록 훈련되어 있다. 한석 역시 재활원의 기본 규칙을 잘 익혔다. 자폐 증상의 영향으로 조금이라도 규칙에서 벗어난 일은 반드시 자신이 익힌 규범대로 돌려놓아야 하는 강박관념이 있었다. 예를 들어 음악심리치료 중에 스튜디오 문이 조금이라도 열려 있으면 모든 걸 제치고 자리에서 벌떡 일어나 문을 닫곤 했다. 한석에게 자신이 습득한 규칙에는 예외가 없는 듯했다. 음악심리치료를 하면서 음악 리듬을 이용해 클라이언트의 주의를 끌고 흥을 돋우며 악기를 연주하게 하거나 노래를 부르게 하거나 몸을 움직이게 하는 경우가 종종 있다. 이는 서양의 음악 관객이 흥이 나는 음악을 들을 때 자연스럽게 취하는 반응과 같다. 한석은 다른 참여자들과 함께 노래를 부를 때는 박수도 치고, 타악기도 흔들면서 동참하는데, 내가 혼자서 기타를 치고 노래를 부르며 다가가서 노래를 부르도록 유도할 때는 모든 행위를 멈추고, 완전히 바른 자세로 나를 빤히 바라보기만 했다. 내가 낯선 탓일 거라 생각하고 수업 시간에 배운 방법들로 여러 차례 시도했지만 한석의 반응은 똑같았기에 나는 혼란에 빠졌다. 한석 혼자서만 참여하는 개인 세션이 아니었기에 그에게만 집중할 수도 없었다. 나중에 세션이 끝난 후 한석을 잘 아는 재활원의 봉사자들과 얘기를 나눠보니, 한석은 누군가의 공연을 관람할 때는 바르게 앉아서 잘 보고 경청해야 한다는 자세를 규칙으로 익힌 것이었다. 그래서 함께 노래를 부를 때는 참여했지만, 내가 혼자서 기타를 치고 노래를 부르는 순간에는 관객이 된 것이었다. 이게 바로 동양인 관객의 자세가 아닌가. 이건 맞다고도 틀렸다고도 할 수 없다. 다른 문화로 인한 차이점이라고 이해하고 존중하면 된다. 나역시 음악 공연을 볼 때면 아무리 흥겨운 음악이 나와도 거의 부동의 자세로 관람한다. 그런 비슷한 문화를 공유하는 같은 동양인임에도 불구하고 내가 배운 이론, 기술, 방법을 맹신한 나머지 그가 익힌 규칙, 문화를 이해하려고 노력하지 않는 과오를 범한지도 모른 채, 내 공식에서 벗어난 그의 반응에 당황한 것이다.

아프리카 전통 악기인 젬베를 아프리카에서 온 선생님께 직접 배운 적이 있다. 그때 나는 그 악기를 배우는 것도 즐거웠지만, 선생님이 들려주는 아프리카의 음악 문화 이야기

어린아이처럼 울어도 좋아요

가 더 재미있었다. 아프리카인에게 음악은 마치 산소와 같다고 한다. 인터넷을 통해 아프리카인의 삶의 모습에 리듬이 기가 막히게 잘 삽입된 비디오를 접하며 경이로워했던 적이 있다. 혹시 생활 모습이 담긴 그 영상 자체가 음악 리듬에 맞게 편집된 결과물 아닐까 싶기도 했으나 선생님의 말씀에 의하면 실제로 그렇다는 것이다. 놀랄 수밖에 없었다. 또한, 그 선생님께서 음악 기호들을 만들고 악보를 만들어낸 서양 사람들을 강하게 비판하는데 참 신선했다. 음악 기호와 악보가 없는 세상을 상상조차 해본 적이 없었기 때문이다. 기호와 악보로는 결코 표현할 수 없는 수많은 음과 리듬이 있는데 기호화하고 악보화하여 음악 교육을 시작한 서양인 때문에 아프리카 음악이 표준화되고 빛을 잃어버렸다는 것이 아닌가? 음악은 그렇게 이론적으로 전해지는 게 아니라 개개인이 자유롭고 자연스럽게 북을 치고 노래를 부르면 그게 음악이란다. 충격적일 만큼 신선했다. 이론적으로 배운 것들을 실습 상황에 그대로 적용하고자 바둥거렸던 나 자신의 모습들을 반추하게 했고, 틀에 갇혀 있던 생각을 전환하게 되었다.

언어가 그 나라 사람들의 생활습관, 사고방식, 행동 양식,

문화를 내포하고 있듯이 음악도 그러하다. 특히, 나라별 전통 음악을 살펴보면 음악의 문화적 차이는 다 소화하기 어려울 정도다. 음악은 세계적 공용어라고 하지만 전통 음악의 다름을 살펴보면 정말 공통의 언어가 맞는지 다시 생각해보게 된다. 마치 나라별로 다른 수많은 언어처럼 음악도 나라별로, 문화권별로 세세하게 다르다는 걸 깨닫게 된다. 한때 쉽게 접하지 못했던 인도, 파키스탄, 인도네시아, 몽골 등의 전통 음악을 찾아 들으면서 새로운 음악 세계를 접해본 적이 있다. 그때, 나는 지구 상에 존재하는 7,000여 개의 언어 중, 인간이 고작 몇몇 언어만 알고 살아가듯, 수많은 음악이 존재하는 이 세상에서 많은 사람이 어쩌면 자신의 귀에 익숙한 음악만이 세상의 전부인 줄 알고 음악은 세계적 공통 언어라고 말했을지도 모르겠단 생각이 들었다. 더 많은 종류의 음악을 접할수록 언어보다는 음악으로 공감대를 더 잘 형성할 수는 있을지언정, 무작정 음악을 세계 공용어라고 하기엔 무리가 있단 생각이 들었다.

심리치료라는 건 결국 한 개인이 자신의 고유성을 있는 그대로 존중하도록 도움을 주고, 그럼으로써 단단한 마음으로 나와 다른 타인들과 어우러질 수 있도록 하는 데에 취지

어린아이처럼 울어도 좋아요

가 있다고 해도 틀린 말은 아닐 것이다. 그렇다면, 나와 타인의 차이를 인정하듯, 음악에 대한'문화의 차이를 인정하고 존중해야 한다. 특히, 비서구권 나라에서 활동하는 음악심리치료사들은 서양 문화를 배경으로 수립된 음악심리치료의 기법을 자신도 모르게 맹신하면서 문화가 다른 클라이언트들에게 적용하고 있는 건 아닌지, 설령 보완해서 적용하고 있더라도 충분히 보완이 되었는지를 늘 주의 깊게 성찰한다면 참 좋겠다는 것이, 내가 수많은 언어와 인종과 문화가 혼재해 있는 홍콩에서 살면서 느낀 점이다.

# #

혼자서도 할 수 있는 음악심리치료 요법

운동을 위한 음악

∘

음악심리치료의 필수 요건 세 가지는 클라이언트, 음악, 음악심리치료사이다. 이미 언급한 바와 같이 음악에는 좋은 효과도 있지만 역효과도 있기에 공인된 음악심리치료사 없이 음악심리치료 요법을 적용하는 건 권장하지 않는다. 그러나 가벼운 두통, 소화불량 시에 집에 챙겨두었던 두통약이나 위장약을 복용하듯, 안전하게 생활에서 적용할 수 있는 두 가지 음악심리치료 요법이 있다. 몸의 움직임에 도움이 되는 요법과 안정 및 휴식을 취하게 하는 요법이다.

어린아이처럼 울어도 좋아요

먼저, 몸의 움직임에 도움이 되는 요법은 음악심리치료에서 신체적 재활 환자들을 위해 많이 사용한다. 재활 환자들의 움직임에 맞춰 음악심리치료사가 악기 연주를 해주면 환자의 의지가 더욱 강해지고 지구력과 인내심이 향상되어 좀 더 효과적으로 재활 운동을 하면서 더 나은 결과를 얻어낸다. 신체적으로 움직임에 문제가 없는 사람인 경우에, 이 요법을 운동 시에 적용하면 좋다. 먼저 음악이 운동에 끼치는 영향을 실제 사례들을 통해서 살펴보자.

빠른 율동과 음악

수개월 전 한국을 방문했을 때, 저녁 식사 후 근처 공원을 둘러보다가 국민 체조를 하는 무리를 발견했다. 체조 선생님은 사람들 모두가 볼 수 있는 높은 위치에 있었지만 일몰 후인 데다 조명이 밝지 않아서 뚜렷하게 보이지는 않았다. 하지만 앞쪽에 있는 사람들은 잘 보였다. 그들은 선생님과 꽤 오랜 시간 함께한 듯 능숙하게 움직였다. 체조를 끝으로 음악이 바뀌면서 몸의 움직임도 흥겨운 율동으로 바뀌었다. 신나는 음악은 공원 곳곳에 흩어져 있던 사람을 모여들게 했고, 흥겨운 율동은 사람들의 시선과 마음을 사로잡았다. 빨리지는 박자에 맞추어 율동도 빨라지면서 흥을 한껏 돋우더니, 바라만 보고 있던 사람들이 그 무리에 뛰어들어 함께 율동을 하는 게 아닌가? 그 넓은 공원 한복판에 점점 더 많은 사람이 채워지기 시작했고 모두가 함께 음악에 맞춰 흥겹게 율동하는 모습은 마치 축제의 장 같았다. 평범했던 하루가 그 공원 광장에 울려 퍼지던 음악과 그에 맞춰 즐겁게 율동하는 사람들의 밝고 건강한 에너지로 인해 특별한 하루로 기억에 남아 있다.

느린 움직임과 음악

홍콩의 아침, 거의 모든 공원에서 흔히 보는 풍경이 있다. 대략 50대에서 80대 사람들이 삼삼오오 모여서 태극권을 하는 모습이다. 느리지만 섬세한 움직임, 부드럽지만 허공에 그림을 그리는 듯한 손끝에서 강한 기운이 느껴지게 하는 동작들로 이어지는 태극권. 느리게 전개되는 동작들이지만 함께 모인 사람들은 흐트러짐 없이 질서 정연하게 움직인다. 음악에 맞추어 동작을 취하기 때문이다. 태극권 음악은 태극권을 하는 사람들의 움직임뿐만 아니라, 동양적인 신비로운 선율로 인해 에너지의 흐름까지도 느끼게 하는 역

어린아이처럼 울어도 좋아요

할을 한다. 때로는 느린 음악에 맞추어 몸을 움직여보는 것
도 마음이 안정되는 데에 도움이 된다.

요가와 음악

수년간 요가를 배우면서 많은 요가 선생님을 만났다. 요
가에 흠뻑 빠져들면서 다양한 경험을 해보기 위해 새로운
요가 선생님 반에 들어가는 것을 목표로 세우고 실천하다
보니 요가 자격증을 취득할 때까지 거의 200명에 달하는
선생님을 만났다. 국적이 다르고 살아온 환경이 다른 선생
님을 만나면서 그 한 사람 한 사람이 요가의 세계라는 생각
을 하게 되었다. 자격증을 취득하는 과정에서의 강의나 이
론보다는 많은 선생님을 접하는 것이, 다양한 가르침의 기
술들을 이해하고 배우는 가장 값진 경험이었다. 이뿐만 아
니라, 이렇게 많은 선생님들이 요가 자세를 가르치며 들려
주는 다양한 음악으로 인해 자세와 움직임에 미치는 음악의
긍정적, 부정적 효과들을 직접 체험하면서 음악심리치료 공
부를 하는 데 큰 도움을 받았다. 요가 자세를 더 잘 만들어
주는 데 영향을 주었던 음악이 있는 반면, 통증이 느껴지는
자세를 유지하는 데 필요한 인내심, 평정심을 방해하던 음

악이 있었다. 물론 개인적 취향이 크게 작용하겠지만 요가나 다른 운동 시에 음악 선택이 얼마나 중요한지를 직접 체험하는 아주 좋은 경험이었다.

노래 가사의 영향

요가 선생님이 선곡한 음악으로 인해 당시에는 힘들었지만 시간이 지난 지금, 그때를 떠올리면 웃음이 나오는 요가반이 있다. 유럽에서 오셨고 친절하고 섬세하게 잘 가르치는 선생님 반이었다. 쉽지 않은 자세들 하나하나 최소 5분씩 움직임 없이 인내심과 평정심을 갖고 유지해야 했다. 그 선생님께서 한 시간 내내 들려주시던 음악은 한국 드라마 OST였다. 한국어를 모르는 사람들은 그 음악이 도움이 되었을지 모르지만, 나처럼 한국어를 아는 사람에게는 가사가 너무도 슬프고 애절하여 자세를 유지하는 데 결코 도움이 되지 않았다. 온통, 이뤄질 수 없는 사랑의 아픔을 절절하게 표현하는 드라마 OST 모음이었다. 노랫말로 인해 드라마에 대한 상상, 슬픈 장면들이 떠오르고 가사를 듣지 않으려고 할수록 더 뚜렷하게 들려왔다. 한 시간 내내 요가 자세에서 오는 통증과 슬픈 가사들이 빚어내는 애절한 장면들 사이

　　　　　　　　　어린아이처럼 울어도 좋아요

에서 마음이 정착할 곳을 찾지 못하고 그저 음악이 바뀌길 기다렸지만 마지막까지 지속되었다. 수업이 끝난 후, 그 선생님께 이 음악들을 어떻게 알게 되었냐고 여쭤보았다. 내가 그 음악들을 좋아해서 질문하는 줄 착각한 선생님은 한국 드라마 음악들이 너무 좋아서 모음집을 구입했다면서 신이 나서 대답하는 게 아닌가. 그 선생님께서는 나름 자신이 요가를 하면서 도움이 된 음악이었기에 학생들을 위해 사용했을 테고, 한국어를 모르는 수강생에게는 도움이 되리라고 생각한 듯하여 차마 가사 내용을 전달하지 못하고 돌아섰다. 이 경험 또한 나에게는 좋은 배움의 시간이었다. 가사가 담긴 외국 음악을 내 세션에 사용할 때는 설령 클라이언트들이 이해하지 못하는 언어일지라도 꼭 체크하고 어떤 의미를 담은 곡인지 설명해주고 있다. 사실, 민감한 사람은 가사를 이해하지 못하더라도 음악의 전체 분위기를 통해 가사의 의미나 요지를 대충 감지한다. 이는 세션에서 만난 클라이언트들이 음악을 주의 깊게 들은 후 그에 대한 느낌을 얘기할 때 종종 확인된다. 실제로 음악심리치료에서 클라이언트와 함께 노래 창작 작업을 할 때, 가사는 클라이언트의 감정을 표현하고 해소하는 데 아주 중요한 역할을 한다.

이처럼 음악은 움직임, 운동과 밀접한 관계가 있다. 음악을 체계적이고 효과적으로 이용하면 운동 효과를 향상시킬 수 있다. 움직임에 맞춰 음악을 잘 선별하면 더욱 즐겁게 운동하게 되고 지구력, 인내심을 향상시켜 운동의 목표량에 도달하게 하면서 성취감, 행복감, 건강 증진을 도모하게 된다.

운동 효과 증진을 위한 개인 맞춤 음악 프로그램

이제 자신을 위한 운동 음악 프로그램을 만들어보면 어떨까? 먼저, 전체 운동 시간을 정하고, 그 시간 안에 어떤 운동을 할지 동작의 순서를 정한 후 그에 맞게 음악을 선별한다. 처음 준비운동에서는 다소 가볍고 경쾌한 움직임과 어울리는 적당한 리듬의 음악이 좋다. 본격적인 운동에 들어갈 때는 운동 속도에 맞거나 조금 더 빠른 리듬의 음악을 선별한다. 개인 취향에 따라 북소리나 드럼 소리처럼 운동하는 기분, 활력을 더욱 북돋아주는 악기 소리가 들어간 음악도 고려하면 좋다. 실제로 북소리가 들어간 경쾌한 음악을 들려주면 참석자들이 준비 자세가 달라지는 것이 보인다. 본격적인 운동이 끝날 때쯤에는 서서히 속도를 늦추면서 휴식으로 유도할 수 있는 음악을 취향에 맞게 선별해본다. 가

어린아이처럼 울어도 좋아요

사가 있는 음악이면 내용도 잘 살펴보면 좋다. 운동의 강도나 휴식 조절에 도움이 되는 가사면 좋다.

음악 프로그램을 만들고 난 후, 운동할 때마다 적용하면 음악에 맞춰 무용하듯 운동하는 자신을 발견하게 될 것이다. 내 세션에서 암 수술 후 몸이 허약해진 클라이언트에게 3분 동안 한 자세를 유지하도록 요청한 후 3분 길이의 음악을 들려주었다. 음악이 거의 끝날 때쯤 더 이상 못하겠다면서 자세를 풀었다. 음악이 정확하게 3분이었고 3분 목표 달성했다고 말해주자 뜻밖의 성취감에 기뻐했다. 이처럼 하나의 음악을 길게 사용하는 게 아니라 목표한 자세와 시간에 따라 다른 음악으로 자연스럽게 배열해주면 운동 효과는 더욱 커진다.

운동 음악 프로그램 끝에는 휴식과 안정을 취하는 데 도움이 되는 음악을 꼭 삽입하는 게 좋다. 운동을 시작하는 중요성만큼 마무리 또한 아주 중요하다. 음악 흐름이 서서히 느려지면서 몸과 마음의 안정에 도움이 되는 음악이면 좋다. 선택한 음악 목록들을 시작부터 끝까지 전체적으로 점검하면서 운동의 변화와 강도에 맞는 박자와 속도를 그래프로 표현해본다면, 위로 볼록하고 곡선이 완만한 포물선 그래프가 적당할 것이다. 전체 몸을 편안하게 해주면서 운동을 마무리해주면 몸의 평안뿐만 아니라 마음의 안정과 평안도 함께 증진된다. 운동 후의 휴식과 안정은 운동이 선행되지 않은 휴식과 안정보다 심신의 안정에 더 큰 효과가 있다.

휴식, 안정을 위한 음악

。

휴식, 안정을 위한 음악은 운동 후뿐만 아니라, 잠을 청할 때, 불면증 또는 날씨 변화에 민감할 때도 효과가 있다. 휴식과 안정에 도움이 되는 음악은 앞에서도 언급했듯이 음악의 리듬이 휴식할 때의 심장박동수와 유사한 60~90인 진정음악이라고 한다. 진정음악은 또한, 음악의 흐름에 변화가 많지 않고 단순하게 반복되면서 다음 흐름이 예측되어 쉽게 따라 부를 수 있는 곡이어야 한다. 미래에 대한 예측이 가능하면 안정되는 효과와 유사하다. 가사가 담긴 음악이면 휴식과 안정에 도움이 되도록 선별하면 좋다. 개인 취향에 따라서 자연의 소리나 약간의 소음이 삽입된 음악도 좋다. 적절한 소음이 안정과 집중에 도움이 된다는 이론은 제

어린아이처럼 울어도 좋아요

법 알려져 있다. 바람 소리, 파도 소리, 빗소리 등과 같이 자연 소리도 안정에 도움이 되는 소음이다. 수면이나 안정에 도움이 되는 소음에 대한 분류로서, 빗소리와 같은 백색 소음white noise, 폭포 소리와 같은 분홍색 소음pink noise, 소나기 소리와 같은 갈색 소음brown noise 등이 있는 것처럼 자연의 소리가 많다.

코로나19 상황이 아주 심각하던 해, 국제 뉴스에서 재택 근무의 능률을 높이기 위해 자판 소리, 전화벨 소리, 복사기 소리 등을 혼합하여 사무실 소음을 만들어낸 개발자가 소개된 적이 있다. 과연 얼마나 많은 사람이 사무실 소음을 재택 근무에서 활용할지 의아했지만, 창의적인 생각만큼은 높이 평가받을 만했다. 시트콤에 삽입되는 인위적인 웃음소리가 시청자들이 즐거움을 더욱 만끽하도록 일조하는 효과와 같다. 세션을 통해 만난 어느 60대의 클라이언트는 1970년대 미국의 팝송 중 아기 울음소리가 삽입된 곡이 행복한 가정의 모습을 떠올리게 하여 기분이 좋아진다고 했다. 이처럼 소음도 잘 활용하면 상황에 따라 좋은 효과를 볼 수 있다.

감정이 아주 우울한 상태나 격한 상태라면 진정음악으로 바로 효과를 보기는 어렵다. 음악심리치료에서는 클라이언트의 감정 상태에 맞는 음악에서 출발한다. 예를 들어, 우울한 클라이언트인 경우 그 감정 상태에 맞는 우울한 음악으로 시작한다. 감정 상태와 유사한 음악은 클라이언트가 '지금, 현재' 자신의 상태를 인지하게 하는 효과가 있다. 또한, 음악 자체가 혼자가 아닌 '함께'라는 공감, 위로의 동반자가 된다. 그렇게 동반자가 된 음악에 서서히 변화를 주면서 클라이언트의 감정 상태를 적절한 수준으로 끌어올린 후 진정 음악을 들려주면 안정과 휴식을 취하게 된다. 반대로 감정이 격한 상태의 클라이언트에게는 그에 맞는 음악으로 시작해서 감정을 끌어내린 후 진정음악으로 안정과 휴식을 유지하도록 도움을 준다. 1층에서 5층을 올라가기 위해서는 2, 3, 4층을 거쳐야 하고, 9층에서 5층으로 내려갈 때는 8, 7, 6층을 단계별로 거치는 것과 같이 감정도 서서히 단계를 거치면서 '안전'하게 안정 상태에 도달하게 해야 한다. 이는 클라이언트의 감정 상태를 섬세하게 관찰해야 하는 음악심리 치료사의 역할이 아주 중요하므로 스스로 적용하기에는 어렵다. 이 어려움에 대한 보완으로 호흡을 이용해보길 적극 추천한다.

어린아이처럼 울어도 좋아요

복부 호흡과 음악

○

일상생활에서 사람의 평균 호흡 횟수는 1분에 15~20회 정도이다. 호흡을 통해 심신의 안정을 유도하기 위해서는 천천히 복부 호흡을 하면서 1분에 6회 또는 이하이면 좋다. 복부 호흡에 익숙하지 않은 사람은 처음부터 1분에 6회 쉬기가 쉽지 않다. 들숨에 복부가 팽창이 되고 날숨에 복부가 수축되는 기본적인 방법을 어떻게 하는지 헷갈려하는 사람도 의외로 많다. 횟수에 도달하는 걸 목표로 하는 게 아니라 호흡 속도를 서서히 낮추면서 안정된 마음을 느끼는 게 중요하고, 꾸준히 하다 보면 자연스럽게 1분에 6회 또는 그 이하의 횟수에 도달하게 된다.

안정 상태가 아닌 경우 대부분의 사람은 복부 호흡이 아닌 흉부로 옅은 숨을 쉰다. 안정과 휴식을 취하고 싶을 때는 먼저 자신의 호흡을 관찰하면서 기본적인 복부 호흡을 하도록 유도한다. 가장 기본적인 연습법은 누운 자세에서 오른손은 복부 위에 얹고 왼손은 가슴 중앙에 얹어서 호흡을 시작하는 것이다. 호흡을 자연스럽게 하면서, 들숨에서는 오른손이 위로 올라가고 날숨에서는 오른손이 아래로 내려가도록 한다. 가슴 중앙에 얹은 왼손은 거의 움직임이 없도록 한다. 이와 같은 방법이 익숙해지면 다음 단계는 앉아서 복부 호흡을 한다. 복부 호흡은 호흡을 천천히, 깊게 하면서 심신의 안정뿐만 아니라 산소포화도를 높여주고 구부정한 어깨와 등을 펴주는 자세 교정 효과까지 있어서 건강에 아주 좋다. 복부 호흡으로 몸과 마음을 가다듬으면서 진정음악을 들으면 자연스럽게 리듬에 맞추어 안정된 패턴의 복부 호흡을 유지하고 지속해 휴식과 안정의 효과가 더욱 커진다.

일상생활에서 자신의 호흡을 인지하는 순간은 극히 드물다. 젊고 건강할 때는 호흡의 중요성을 생각조차 안 하는 사람이 많다. 나 또한 그러하였다. 그러나 양로원, 정신 병동, 중증 장애인 센터에서 몸이 쇠약하신 분들, 가령 노래가 좋아서 음악심리치료에 참석했지만 호흡 곤란으로 한 소절 부른 후 산소호흡기를 껴야 했던 할아버지, 침대에 누운 채로 음악심리치료에 참석하여 생의 끝자락에서 가느다란 생명줄을 부여잡듯 악기를 손에 쥐고 리듬에 맞춰 서너 번 겨우 겨우 흔들어보지만 스르르 기운이 빠져 악기를 놓치시던 할머니, 혼돈으로 불안해하며 호흡을 힘들게 하셨던 치매 노인들, 괴성을 지르고 난 후 헉헉대며 거친 호흡을 하던 정신

어린아이처럼 울어도 좋아요

병동 환자들을 관찰하면서 호흡이 얼마나 중요한지를 절실하게 깨닫게 되었다. 생을 마감하는 시간이 가까운 이들이 마지막까지 유일하게 기대고 있는 건 오로지 자신의 호흡이다. 호흡이 멈추면 삶이 멈춘다는 진리만으로도 호흡의 중요성을 아무리 강조해도 지나치지 않다.

의식적으로 하루에 한 번만이라도 자신의 호흡 속도는 어떠한지 호흡의 결은 어떠한지를 체크해보는 자체만으로도 내면으로 돌아와 자신을 살펴보게 될 것이다. 호흡의 질은 삶의 질을 가늠하는 척도이다. 음악과 함께 안정된 호흡을 하루에 3~5분만이라도 지속해본다면 마음의 안정과 휴식뿐만 아니라 삶의 질을 높이는 바탕이 돼줄 것이다. 오늘부터 아니, 지금 이순간 바로 실천해보자.

# #

평화롭고 지혜로운 노년의 삶을 위하여

평소 모습으로 전하는 삶의 원칙

。

　20여 년 전쯤 명상 책들을 손에 잡히는 대로 읽다가 우연히 접한 흥미로운 글이 있다. 언덕 위의 하얀 집이 아름다워 보이는 이유를 분석하고 그 원리를 삶에 적용한 글이었다. 언덕 위의 하얀 집을 가까이 가서 보면 페인트 칠도 해야 하고 수리해야 할 곳도 여기저기 보이는데, '적당히 먼 거리'가 이런 흠을 가리고 전체를 아름답게 보이게 한다는 것이다. 언덕 위의 하얀 집을 아름답게 보이게 하는 적당한 거리처럼, 삶에서 겪는 대부분의 아픔이나 어려움도 적당한 '시간

의 거리'가 생기면 아련한 추억이 된다고 했다. 통찰력 있는
글이다.

시간의 거리 덕분에 과거는 종종 차분하게 정리되거나
미화된다. 이 거리는 자신의 인생을 타인의 삶을 바라보듯
이성적이고 객관적으로 반추하게 만들어주는 동시에 어린
시절의 나를 떠올리게 하여 '젊음'을 상기시켜주기도 한다.
그러면 고통스러웠던 기억도 아련한 추억이 될 수 있다고
고개를 끄덕이게 한다.

반면, 시간의 거리가 충분히 생겼는데도 늘 현재처럼 머
물러 있는 과거의 순간이 있다. 시간이 흐를수록 되레 그 순
간이 점점 더 선명해지면서 삶 전체에 스며들어 자신을 지
배한다. 그 순간이 좋은 기억이 아니라면 치료와 회복이 필
요하고, 좋은 기억이라면 축복이다. 축복의 순간들은 삶의
축을 더욱 견실하게 만들어주면서 풍파에 중심을 잃지 않도
록 원심력을 발휘해준다.

내 삶에서의 축복은 봉사 활동에서 만난 사람들과 음악
심리치료 시간에 만나는 클라이언트들을 통해 삶의 교훈을
얻게 되는 순간이다. 처음 봉사 활동이나 음악심리치료를
시작할 때는 내가 '주는 사람'이라고 생각했는데 끝나고 나

면 늘 내가 받고 배운 게 훨씬 더 많다. 모든 관계는 상호적
이지 일방적인 경우는 없다. 그러한 상호 교류로 성장하는
것이다. 삶에서 일어나는 새로운 변화는 새로운 사람들을
만나게 하고 생각과 행동에 영향을 준다. 긍정적인 영향이
라면 끊임없이 성장하게 하고 부정적인 영향이라면 정체되
거나 퇴보되는 삶을 살며 불평, 불만의 늪에서 살아가게 하
는 듯하다. 나의 경우는 삶의 변화로 인해 만난 사람들 덕분
에 진정 가치 있는 것을 배운 축복의 시간이 많다. 그중 가
장 먼저 생각나는 이들은 양로원에서 만난 노인들이다. 자
신이 어떻게 살고, 어떻게 생각하느냐에 따라 나이에 상관
없이 삶의 지혜를 얻는 경우도 많겠지만, 봄, 여름, 가을, 이
세 계절이 지나고 겨울이 되어야 눈이 오는 것처럼, 인생에
서도 유아기, 청년기, 중년기를 거치고 노년기가 되어야만
얻을 수 있는 지혜가 있는 듯하다. 노년기에 보여주는 지혜
는 설명이 필요 없다. 모습 자체가 지혜이고 가르침이다.

내게 모습 자체로 큰 감동과 교훈을 주신 많은 분 중, 어
김없이 떠오르는 분들은 100세가 넘은 할머니와 90대 중반
의 할머니, 그리고 치매를 겪고 계셨던 70대 후반의 할아버
지다.

어린아이처럼 울어도 좋아요

난생처음 100세가 넘은 분을 만난 순간을 잊을 수가 없다. 외국인이 모여 사는 양로원에서 생활하시던 102세의 호주 국적의 할머니였다. 100세 이상이라는 것 자체가 놀라웠는데, 의자에 꼿꼿이 바르게 앉아 나지막한 목소리로 또박또박 말씀하시며 차분히 체스를 두시던 그 우아한 자태는 경이롭기까지 했다. 다른 장소에서 만난 90대 중반의 인도 국적의 할머니는 몸과 정신이 건강하실 뿐만 아니라 젊은 세대처럼 스마트폰을 이용하여 문자로 많은 사람과 직접 소통하는 것은 물론, 화상회의 프로그램을 이용하여 온라인 모임에 참석하기도 하셨다. 이런저런 앱을 이용하여 두뇌에 좋은 취미 생활까지 하시는데 그 프로그램을 다루는 속도는 웬만한 기성세대가 따라잡지 못할 정도로 민첩했다. 다른 장소, 다른 시간에 만난 분들이지만 두 분이 똑같이 자주 하는 말씀이 있었다. "내가 할 수 있는 일이니 도와주지 않아도 된다." 연로하셨기에 움직일 때나 물건을 옮길 때 도움을 드리려고 하면 꼭 그렇게 말씀하셨다. 스스로 천천히 할지언정 최소한의 도움도 사양했다. 그분들의 독립심, 규칙적인 일과와 철저한 자기 관리는 몸에서 발산하는 기운에서부터 느껴졌다. 그분들의 존재와 생활 자체가 감동이고 가르침이었다.

양로원에서 생활하던 100세의 홍콩 할머니는 휠체어에 의지해 지냈지만, 늘 온화한 미소를 짓고 있었고, 봉사자들에게 수시로 고맙다는 말씀을 하셨다. 그 할머니의 미소를 볼 때마다 대체 형용할 수 없는 저 온화함은 어디서 왔을까 궁금해졌다. 그룹으로 진행하는 음악심리치료반에 매주 참여하셨던 분이다. 대다수의 노인은 날이 궂어서, 그날 컨디션이 좋지 않아서 몸의 불편함을 호소하는 것이 일상이지만 할머니는 가장 고령인데도 불구하고 늘 평화롭고 온화했다. 한 세기를 사신 그분 육체인들 성하셨을까? 100년이란 세월을 살며 희노애락애오욕 온갖 세상 풍파 다 겪으셨을 터인데, 늘 고운 시각으로 세상을 보고자 했던 그 일관된 마음과 노력, 인내의 자세로 오랜 세월을 거치며 흔들림 없는 평안을 얻게 되신 듯했다. 결코 순간적인 표정이 아니라 깊은 평안에서 우러나는 미소였다. 매주 다른 분들과 그분을 관찰하며 느낀 건 사람들이 똑같은 세상에 태어나지만 세상을 보는 관점은 제각각이고 그 관점이 내가 사는 세상을 다르게 만든다는 것이었다. 똑같은 바다지만, 표면은 외부 요인에 의해 크게 영향을 받아서 잔잔하다가도 요동을 치기도 한다. 그러

어린아이처럼 울어도 좋아요

나 깊은 바닷속은 외부 변화에 상관없이 늘 고요하고 평화롭다. 사람의 마음이 바다에 산다고 가정하면, 마음의 출발점은 똑같이 바다 표면이다. 내면의 다스림 없이 살아가는 누군가의 마음은 표면에서 세상사에 휘둘리며 살아갈 터이고, 그 할머니와 같이 평화를 얻은 마음은 깊은 바닷속에서 삶의 아름다움을 만끽하고 감사하며 살아갈 것이다.

70대의 이탈리아 할아버지는 몸이 불편하여 휠체어에 늘 의지해야만 했고 중증 치매를 겪고 계셨다. 대화가 거의 불가능했지만 누군가가 자신에게 말을 한다는 건 인지하셨다. 말을 건네면 작은 목소리로 "으음"이라는 짧은 단어로 부드럽게 반응을 하시곤 하셨다. 개인적인 차이가 있겠지만 치매를 겪는 분들은 혼돈과 두려움으로 충동적이거나 공격적인 행동을 하는 경우가 있다. 그러나 이분은 늘 부드럽게 반응했다. 이 할아버지가 인상적이었던 점은 누군가가 할아버지의 이름을 부르면서 인사를 하면 확실하게 인지하시고 친절하게 반응하신다는 것이었다. 마치 어린 아기들이 부산하게 놀다가도 누군가가 제 이름을 부르면 잠시 멈추고 돌아보듯, 그 할아버지도 정확하게 그렇게 하셨다. 남녀도 정확하게 구분하셨다. 인사하는 사람이 남자면 그 사람을 바라보며 웃으면서 손을 흔드셨고, 여자면 손을 내밀어 그이의 손을 잡고 손등에 키스하며 인사를 하셨다. 아주 멋진 신사처럼 말이다. 이 반응에는 한 번도 실수를 하신 적이 없다. 변치 않는 그 할아버지의 반응은 거의 반사적으로 보였다. 할아버지의 두뇌는 치매의 영향으로 제 기능을 발휘하지 못하지만, 자신이 중요시하며 살았던 습관은 몸 세포 하나하나에 입력되어 뇌 기능에 문제가 생겼는데도 몸이 알아서 자동으로 반응하는 듯했다. 마치 다른 생각에 골똘히 잠겨 걷다가 문득 정신 차려보면 새로운 목적지가 아닌 늘 가던 곳으로 향하고 있는 순간처럼, 술에 잔뜩 취한 사람이 예전에 살던 집으로 돌아가는 것처럼 말이다.

이런 나의 생각을 뒷받침해주신 분이 있다. 작년 104세의 나이로 돌아가신 이모할머니다. 어렸을 적부터 자주 뵈었던 이모할머니는 외적인 분위기와 성품 모두 고우셨다. 지금도 이모할머니를 떠올리면 조용히 웃는 얼굴에 어진 성품이 깊이 배어 나오는 목소리가 들리는 듯하여 마음이 편안해진다. 인상을 쓰거나 큰소리를 내시는 걸 본 적이 없다. 그런 이모할머니께서는 사실 제주 4·3사건 때 남편을 잃으신 후 혼자서 꿋꿋하게 자식들을 키워내셨다. 나는 이 사실을 나중에 어른이 된 후에야 알고는 깜짝 놀랐다. 하루아침에 남편을 잃는 험한 일을 당했고, 홀로 어린 자식들을 키우며 몸도 마음도 많이 힘드셨을 텐데 그토록 어진 성품과 온화함을 잃지 않고 살아온 할머니가 존경스러웠다. 7년여 전 한국을 방문했을 때 오랫동안 만나지 못했던 이모할머니를 찾아 뵈었다. 그때, 97세였던 이모할머니는 거동이 불편하고 치매를 앓고 계셔서 요양원에 계셨다. 만남의 방으로 휠체어를 타고 들어오시는 순간, 나를 알아보지 못하셨지만 친절하고 어진 눈빛, 온화함은 그대로였다. 대화를 나눠보고자 간단하고 쉬운 질문을 드렸더니 엉뚱한 대답을 하시면서도 예전과 다름없이 어진 말투로 온화하게 반응하셨다. 그날 헤어지는 순간까지 보여주신 모습은 꽃은 계절 따라 화려하게 피고 지지만, 사람은 살아 있을 때도, 죽은 후에도 기억에서 늘 시들지 않고 피어 있는 어여쁜 꽃이 될 수 있다는 생각을 하게 했다.

첫 두 분의 경우는 신체와 정신이 건강하신 분들, 두 번째는 신체 건강은 잃으셨지만 정신이 건강하신 분, 세 번째는 신체와 정신 건강을 다 잃으신 분들이다. 이는 인간이 태어나서 죽기 전에 일반적으로 겪는 과정이기도 하다. 나이를 살펴보면, 첫 두 분은 102세와 90대 중반, 두 번째 분은 100세, 세 번째 두 분은 90대 후반과 70대. 신체 건강과 정신 건강이 나이와는 상관관계가 없어 보인다. 물론 유아기에서 성장기까지는 신체와 정신 발달이 나이와 상관관계가 높지만, 그 이후로는 신체, 정신 건강은 나이보다는 자기 관리와 밀접한 관계가 있다는 의견에 대다수가 공감할 것이다. 의학의 발달로 100세 시대가 도래하여 인간의 수명이 길어졌지만, 세계적으로 치매 환자 수는 급증하고 있어 세계보건기구에서는 매해 대비책을 강구하고 있다. 건강 관리를 열심히 해도 생을 마감하기 전에 거쳐야 하는 저 일반적인 과정을 짧든, 길든 피해 갈 수 없는 순간이 결국 온다. 피해 갈 수 없다면 어느 단계에 있든 우리 모두는 이 노인들처럼 지혜롭고 온화한 모습이고 싶지 않을까?

삶이라는 예술 작품

◦

이런 바람을 현실로 만들기 위해서는 끊임없는 노력과 인내, 긍정적인 마음가짐으로 살 필요가 있다. 생각하는 건

어린아이처럼 울어도 좋아요

쉽다. 관건은 생각을 몸으로 옮겨서 행동을 취하는 것이다. 너무 뻔한 말이라고 여겨져 체감되지 않을 수 있다. 나 역시 그랬다. 그러다 앞의 다섯 노인을 만나면서 그야말로 생각의 전환이 일어났다. 경이로움 그 자체였던 노인들의 모습은 단순한 한 인간의 모습이라기보다는 오랫동안 노력과 인내심으로 만들어낸 최고의 예술 작품 같았다. 심리치료가 현대에게 큰 관심을 받는 이유도 이러한 현대인의 바람이 담겨 있을 것이다. 장수 시대를 맞이해 이제는 단순히 길게 사는 것이 중요한 게 아니라 어떤 삶을 사느냐가 중요하다는 점에 누구라도 공감할 터이며, 음악심리치료 역시 그에 발을 맞추고 있는 셈이다. 그동안 왜 나는 인간의 삶도 예술 작품이 될 수 있다고 생각하지 못했을까? 행위예술이라는 분야도 존재하는데 왜 나는 인생 자체가 순간순간 또는 긴 시간에 걸쳐 만들어지는 행위예술이 될 수 있다는 생각을 하지 못했을까? 내가 예술가가 되어 내 삶 자체를 예술작품으로 만들어본다는 건 얼마나 멋진 일인가? 이 생각의 전환은 나로 하여금 나를 관리하고 삶을 꾸려나가는 데 아주 좋은 동기부여가 되었다. 고치고 싶은 습관을 점차적으로 고쳐나가는 데 큰 도움이 되었고 지금도 도움이 되고 있으며 앞으로도 그러할 것이다.

내 삶 전체를 하나의 커다란 예술작품으로 생각하면, 삶에서 일어나는 모든 일은 작품의 부분 또는 소재가 된다. 용기가 필요한 새로운 도전, 알 수 없는 미래로 인해 두려움을 느끼는 순간, 불편한 상황, 예기치 않은 실수, 실패조차도 작품을 만들어가는 데 쓰일 새로운 예술 재료라고 생각하면 그리 두렵지도 아쉽지도 않다. 아무 대책 없이 한국을 떠나 홍콩 땅에서 홀로 서기 위해 막연하게 이 회사, 저 회사를 두드리며 떠돌던 시간, 남은 인생 내가 하고 싶은 일 하며 살겠다고 큰소리치며 일을 벌이고 나서는 불투명한 미래를 걱정하고 두려워하던 시간, 만나고 싶지 않은 사람을 만나야만 하는 불편한 순간, 가족, 친구, 동료, 지인 들에게 못나게 굴어서 지워버리고 싶은 시간, 첫 강의를 의뢰받았을 때 호탕한 척 흔쾌히 수락하고는 막상 시작 직전에는 심호흡을 크게 하며 긴장하던 순간, 나의 기대치를 채우지 못한 미숙한 결과에 자신에게 실망하고 책망하던 시간, 어쩌면 이런 다듬어지지 않은 순간들이 다양한 예술 재료가 되고 다시 조각되고 다듬어지는 과정을 통해 창조적이고 풍성하고 멋진 '삶'이라는 작품을 탄생시키는 것 아닐까?

지금, 음악심리치료라는 키워드로 이 글을 쓰는 이 순간도 내가 눈을 감는 마지막 순간에 비로소 완성될 나의 삶이라는 예술 작품을 만드는 과정이다. 내 생을 마감하는 순간, 나의 삶이 예술 작품으로 완성되고 비로소 예술가가 된다는 건 얼마나 멋진 일인가? 내 작품을 감상해줄 사람이 하나도 없을지라도, 이름 없는 예술가가 될지라도 무슨 상관인가? 노래방에서 관객 없이 무명가수가 되어 홀로 맘껏 소리 지르며 노래 부를 때의 그 짜릿함, 후련함, 더 바랄 게 없는 행복을 느끼던 순간을 떠올려본다.

마음 건강에 도움이 되는 음악 목록

요가&음악세러피 세션을 진행하면서 이용되었던 유튜브 음악들 중, 다수의 클라이언트가 링크 공유를 요청했던 음악들을 소개합니다. 개인에 따라 음악에 대한 반응은 다를 수 있으므로 단순 참고용으로만 권합니다.

• 호흡과 명상에 도움이 되는 음악

https://www.youtube.com/watch?v=1OGjZST8aRc

  (Snatam Kaur, *Ra Ma Da Sa*)

---

https://www.youtube.com/watch?v=WwbrMSxGZVg

어린아이처럼 울어도 좋아요

https://www.youtube.com/watch?v=S93q7z1CyPs

https://www.youtube.com/watch?v=9OTqwHO-
SUT8 (Deva Premal. *Aad Guray*)

• 심신 안정에 도움이 되는 음악

https://www.youtube.com/watch?feature=shared&v=p-
3fb-dDfNXg (Anusara prayer, *Wah! Opening to bliss*)

https://www.youtube.com/watch?v=hvJ_cp-j9C0

(Mayrain, *Endless*)

---

https://www.youtube.com/watch?v=G6oo7kXy9u0

(Drukmo Gyal, *Green Tara*)

---

https://www.youtube.com/watch?v=rjPdwk2TKUw

(Imee Ooi, *Prajna-Wisdom*)

어린아이처럼 울어도 좋아요

https://www.youtube.com/watch?v=TJ6Mzvh3XCc

(Arvo Part, *Spiegel im Spiegel*)

• 휴식을 취할 때 기분 전환에 도움이 되는 음악

https://www.youtube.com/watch?v=eA7oLIms9zU

(White Sun, *Ik Ardas Wahe Guru*)

https://www.youtube.com/watch?v=lu5tnNUVhTs

(Snatam Kaur&Ajeet Kaur, *Suni-ai*)

참고 자료

- Braziene et al. Relationship between Depressive Symptoms and Weather Conditions. *International Journal of Environmental Research and Public Health*. 19(9):5069. May 2022.

- Dousty, M., Daneshvar, S. and Haghjoo, M. The effects of sedative music, arousal music, and silence on electrocardiography signals. *Journal of Electrocardiology*. 44(3):396-e1-6. May-Jun 2011.

- Former Oklahoma jail detainees say officers played Baby Shark song as 'torture tactic'. *The Guardian*. November, 2021. https://www.theguardian.com/us-news/2021/nov/05/oklahoma-country-jail-baby-shark-touture-tactics-lawsuit.

- Global action plan on the public health response to dementia 2017-2025. *World Health Organization*. December 2017. https://www.who.int/publications/i/item/global-action-plan-on-the-public-health-response-to-dementia-2017---2025

- Grocke, Denis. *Guided Imagery & Music (GIM) and Music Imagery Methods for Individual and Group Therapy*. Jessica Kingsley Publishers; 1st edition. May 21, 2015.

어린아이처럼 울어도 좋아요

- Karimova, H. *The Emotion Wheel: What is it and How to use it.* December 2017. https://positivepsychology.com/emotion-wheel/

- Miriam Liss et al. Sensory processing sensitivity and its relation to parental bonding, anxiety, and depression. *Personality and Individual Differences.* Vol 39 (8) 1429-1439. December 2005.

- Murer, Anne-Laure. The use of sung language in music therapy with Alzheimer's patients. *Nordic Journal of Music Therapy* 25 (sup1): 50-50 DOI:10.1080/08098131.2016.1179958

- Ownership statistics 2023. *Forbes.* October 5, 2023. https://www.forbes.com/advisor/car-insurance/car-ownership-statistics/#:~:-text=the%20data%20Embed-, How%20Many%20 Americans%20 Own%20a%20Car%3F,up%20from%2091.2%25%20in%202017

- Russo, M.A., Santarellli, D. M. and O'Rourke, Dean. The physiological effects of slow breathing in the healthy human. *Breathe* (Sheff). 2017 Dec; 13(4): 298 – 309. doi: 10.1183/20734735.009817

- Saraswati, S. S. *Asana Pranayama Mudra Bandha.* Yoga Publications Trust. 2013

- Shohani, M et al. The Effect of Yoga on Stress, Anxiety, and Depression in Women. *International Journal of Preventive Medicine.* February, 2018. doi: 10.4103/ijpvm.IJPVM_242_16

- Somatic pain vs Visceral pain. https://www.healthline.com/health/somatic-vs-visceral-pain#symptoms

- The Government of the Hong Kong Special Administrative Region. *Average living space per person*. https://www.info.gov.hk/gia/general/202303/29/P2023032900422.htm

- van den Broek, E.L. Ubiquitous emotion-aware computing. *Pers Ubiquit Comput* 17, 53-67. 2013. https://doi.org/10.1007/s00779-011-0479-9

- Weignberger, N. M. Music And The Brain. *SA* Special Editions 16, 3s, 36-43. September, 2006. doi:10.1038/scientificamerican0906-36sp

- https://www.who.int/news-room/fact-sheets/detail/depression/?gad_source=1&gclid=EAIaIQobChMIq_PA0YCAhQMVAQh-7Bx2p0AMCEAAYASAAEgKa1fD_BwE World Health Organization (WHO)

- https://asia.nikkei.com/Business/Markets/Property/Living-large-Hong-Kong-moves-out-of-pint-sized-nano-flats

- https://bigthink.com/neuropsych/how-many-thoughts-per-day/

- https://www.1conomynews.co.kr/news/articleView.html?idxno=22835

- https://www.legco.gov.hk/research-publications/english/2022issh01-private-cars-in-hong-kong-20220210-e.pdf

- https://www.oxfam.org.hk/en/news-and-publication/gaping-wealth-gap-leaves-hong-kong-s-poorest-making-57-7-times-less-than-richest-while-struggling-to-recover-post-pandemic

- https://www.queensu.ca/gazette/stories/discovery-thought-worms-opens-window-mind

- https://www.scmp.com/news/hong-kong/society/article/3182249/wealth-gap-between-hong-kongs-crazy-rich-miserably-poor

- https://www.joongang.co.kr/article/18878679#home

- https://www.mediatoday.co.kr/news/articleView.html?idxno=110206

어린아이처럼 울어도 좋아요

2024년 4월 25일 1판 1쇄 인쇄
2024년 5월 8일 1판 1쇄 발행

지은이	김형미
펴낸이	한기호
기획·책임편집	도은숙
편집	정안나, 유태선, 김현구, 김혜경
디자인	늦봄
마케팅	윤수연
경영지원	국순근
펴낸곳	북바이북
	출판등록 2009년 5월 12일 제313-2009-100호
	주소 04029 서울시 마포구 동교로12안길 14, 2층(서교동, 삼성빌딩 A)
	전화 02-336-5675 팩스 02-337-5347
	이메일 kpm@kpm21.co.kr
	홈페이지 www.kpm21.co.kr

ISBN 979-11-90812-56-6 03180